GUIDE

DESCRIPTIF ET HISTORIQUE

DU VOYAGEUR

A L'ÉGLISE DE BROU.

ÉGLISE DE BROU.

GUIDE
DESCRIPTIF ET HISTORIQUE
DU VOYAGEUR
A L'ÉGLISE DE BROU,

ÉLEVÉE A BOURG PAR LES ORDRES DE MARGUERITE D'AUTRICHE,
DE 1506 A 1536;

D'APRÈS LE P. ROUSSELET, AUGUSTIN RÉFORMÉ.

SEPTIÈME ÉDITION,

Augmentée de Chapitres nouveaux se rapportant à l'Histoire de cette
Eglise, et aux caveaux des prince et princesses de Savoie,

Avec une Gravure de la façade.

BOURG-EN-BRESSE,
CHEZ FRANCISQUE MARTIN-BOTTIER, LIBRAIRE-ÉDITEUR.
1857.

BOURG, IMPRIMERIE DE MILLIET-BOTTIER.

Depuis qu'on a compris enfin les véritables beautés et la puissance mystérieuse de l'art gothique, l'église de Brou, échappée comme par miracle aux ravages de la Révolution, est devenue le pélerinage obligé de tous les artistes, et a fixé l'attention de tous les voyageurs. Le poète est venu demander des inspirations à la magnificence de ses mausolées ; les peintres ont contemplé la richesse éblouissante de ses vitraux ; l'architecte a voulu étudier le génie qui avait élevé ce temple dont la pierre a conservé sa blancheur primitive. Tous ont laissé échapper un cri d'admiration qui a retenti dans le monde artistique.

L'histoire du P. Rousselet ne se fait remarquer ni par les formes du style ni par l'élégance de l'expression; le côté poétique et brillant a été laissé à d'autres écrivains, mais l'ouvrage que nous donnons aujourd'hui est véritablement l'histoire et la statistique de l'église de Brou; il a servi à tous de point de départ; il contient toutes les explications nécessaires, tous les détails que désire le voyageur : il était donc important de conserver un tel livre.

D'ailleurs le P. Rousselet, dernier prieur de Brou, avait pu rassembler et consulter tous les documents historiques détruits ou dispersés dans le cours de la Révolution. Sans doute le P. Rousselet ne fait grâce de rien; pas la plus petite figure, pas une moulure, pas une broderie n'échappent à sa scrupuleuse observation; mais par cela même aussi on a dû garder fidèlement de telles recherches pour les voyageurs qui viennent étudier l'*Eglise de Brou.*

L'écrit du P. Rousselet est donc le guide le plus précis et le plus commode pour les artistes et les étrangers; c'est lui qui a sauvé de l'oubli ou de la destruction les renseignements principaux que nous possédons aujourd'hui.

M. Portallier avait rappelé, dans un supplément qui a été conservé, les phases diverses par lesquelles avait passé l'église de Brou depuis l'histoire écrite par le P. Rousselet. Dans de nouveaux chapitres ajoutés à cette édition, on a continué en quelque sorte le supplément de M. Portallier et tenu les admirateurs au courant des grands travaux de restauration entrepris dans ces dernières années (1).

Enfin un des derniers chapitres rend compte de l'ouverture des caveaux de Brou, qui a été faite l'année dernière, de la grande cérémonie qui a eu lieu pour la translation des restes mortels des prince et princesses inhumés dans l'église. On y a ajouté, avec les discours prononcés à cette occasion, les procès-verbaux officiels et détaillés sur l'état des cercueils et des ossements trouvés dans les caveaux de l'église.

Dés pièces d'un haut intérêt historique ont été

---

(1) Ce monument réclamait depuis long-temps une chaire; elle a été exécutée en carton pierre, dans le style gothique du XVᵉ siècle, par M. Bion, sculpteur de la capitale, et posée en 1836.

découvertes soit dans les archives de la préfecture de l'Ain, soit dans celles de Lille; elles ont été publiées par les auteurs qui les ont recueillies. Nous applaudissons aux efforts de tous ceux qui veulent bien s'occuper de notre église.

Nous nous estimerions heureux si les soins donnés à cette nouvelle édition, et les additions qui y ont été faites, pouvaient contribuer à faire mieux connaître tout ce qui a rapport à un monument si intéressant par le motif de son érection, et si précieux par les chefs-d'œuvre d'architecture et de sculpture qui y sont réunis.

GUIDE DESCRIPTIF ET HISTORIQUE

DU VOYAGEUR

A L'ÉGLISE DE BROU.

CHAPITRE PREMIER.

Des Fondateurs de l'Église de Brou.

———

C'est aux illustres maisons de Bourbon, de Savoie et d'Autriche, que la Bresse est redevable de ce bel édifice. Marguerite de Bourbon en fit le vœu; Philippe II, duc de Savoie, en avait été l'occasion; Marguerite d'Autriche l'a exécuté, et c'est elle que nous en regardons comme la fondatrice.

Marguerite de Bourbon était fille de Charles Ier, duc de Bourbonnais et d'Auvergne, pair et chambrier de France, qui, par une longue suite d'aïeux, descendait de Robert de France, sixième fils de saint Louis. Elle eut pour mère Agnès de Bourgogne, fille de Jean de Bourgogne dit *sans peur;* elle épousa Philippe II, comte de Bressé, et ensuite duc de Savoie.

Philippe II, connu dans sa jeunesse sous le nom de *Philippon,* puis sous celui de *Philippe-Monsieur,* et encore sous celui de *Philippe-sans-Terre,* qu'il s'était donné lui-même à cause de la médiocrité de son apanage, était le cinquième fils de Louis Ier, duc de Savoie, mort en 1465.

1

L'histoire en fait les plus grands éloges; on loua surtout son habileté dans les négociations, sa pénétration dans les affaires les plus difficiles, ses connaissances dans l'art de la guerre, son courage dans l'exécution, son intrépidité dans les dangers. Respecté par les princes ses voisins, il employa avec succès sa médiation pour terminer leurs différends; il fut le compagnon de Charles VIII dans la conquête du royaume de Naples, et, bientôt après, gouverneur pour lui dans le Dauphiné. Philippe-le-Bon, duc de Bourgogne, le décora du collier de son ordre, c'est-à-dire de la Toison-d'Or, et lui donna le gouvernement des deux Bourgognes; et s'il parut d'abord n'être pas fort attaché à la France, à cause d'une prison de deux ans qu'il avait soufferte dans le château de Loches, ce ne fut qu'un effet passager d'un ressentiment pardonnable. Plein de zèle pour la religion, il en soutint l'éclat et la pureté par son autorité et par ses exemples; attentif enfin à faire exercer la justice dans ses états, il en bannit également le crime et l'impunité. Tel était Philippe II, qui épousa Marguerite de Bourbon, par contrat de mariage passé à Tours le 6 janvier 1471, et pour lequel cette tendre épouse forma le vœu dont il s'agit. Voici quelle en fut l'occasion:

Le duc Philippe était dans ses états de Bresse avec la duchesse Marguerite son épouse, en 1480. Un jour, étant à la chasse entre Chazey et Loyettes, près de Pont-d'Ain, il eut le malheur de tomber de cheval et de se casser un bras. Cet accident eut des suites fâcheuses; la duchesse alarmée eut recours au ciel; elle sollicita par ses prières et par ses larmes la guérison de son époux, et fit vœu, si elle l'obtenait, de faire bâtir à Brou une église et un monastère de l'ordre de Saint-Benoît. Le prince guérit, mais la duchesse n'eut pas la consolation de pouvoir accomplir son vœu; elle mourut trois ans après, c'est-à-dire en 1483, au château de Pont-d'Ain, qui est à trois lieues de Bourg-en-Bresse.

Le prince son époux se chargea de satisfaire à une promesse dont il avait été l'occasion, et il pensait à l'exécuter dès qu'il aurait terminé quelques affaires qui l'occupaient alors. En attendant, il fit à Bertrand de Loras, alors prieur de Brou, une donation de deux cents florins de rente annuelle, et les lui assura par acte daté de Bourg, le 7 mai 1483, comme des arrhes de la fondation qu'il voulait faire; il en renouvela le vœu par son testament, qui est rapporté dans Guichenon (*Histoire de Savoie*, t. III). Voici ses termes : « *Item,* voulons et ordonnons être « enseveli en l'église de Brou, en notre chapelle; laquelle, « par la grâce de Dieu, avons proposé y faire édifier et « construire à l'honneur de notre Créateur, de sa glorieuse « Mère, du nom et domination de M. saint Marc l'évan- « géliste, et d'y fonder une religion de l'observance de « Saint-Benoît, du vouloir de messire Bernardin Oudry, « à présent prieur commandataire dudit Brou, pour tou- « jours célébrer et décanter une grand'messe quotidienne « du jour, et toutes les heures canoniales en ladite église « de Brou et chapelle par lesdits; en icelle élisons notre « sépulture; et en cas que défaillons de ce monde avant « ladite fondation, voulons et ordonnons que de nos « propres biens soit faite et accomplie par nos hoirs « successeurs. » Philippe II mourut à Chambéry l'an 1497, laissant à Philibert II, son fils aîné et son successeur, l'exécution de ce vœu (1).

(1) « Philibert qui aimait beaucoup Genève et qui habitait souvent « cette ville, voulait y faire bâtir une belle église, pour remplir le vœu

Philibert II, qui fut surnommé *le Beau*, à cause des agréments de sa personne, naquit à Pont-d'Ain le 10 avril 1480; il était âgé de dix-sept ans lorsqu'il commença à régner. Elevé à la cour de France, il en avait fait les délices: son esprit était vif et pénétrant; son caractère plein de bonté. Il se fit admirer de tout le monde; on le vit dans les tournois se distinguer par son adresse, dans les combats par sa valeur, dans les négociations par sa prudence, dans le gouvernement par sa justice. Il suivit Charles VIII dans la conquête du royaume de Naples, aussi bien que le duc son père; et quoique très-jeune, il y donna les marques les plus glorieuses de sa valeur naissante. Employé dans la guerre contre les Florentins pour l'empereur Maximilien, son beau-père, il y soutint la réputation d'excellent capitaine. Attentif au bonheur de ses sujets, il sut conserver la paix dans ses états malgré les troubles qui agitaient tous ses voisins; il porta même son attention jusqu'à vouloir assurer le repos des familles particulières, par les sages réglements qu'il fit pour abréger les procès. Animé du zèle de la religion, il alla se présenter au pape Alexandre VI, pour entrer dans la croisade proposée contre le Turc; mais cette occasion ayant manqué à son courage, il tourna tout son zèle vers ses propres états, et travailla avec succès à extirper l'hérésie des Vaudois, qui infectait les vallées de Luzerne et d'Angrogne. Pour ranimer la piété des chrétiens, il

« de sa mère, lorsque les Genevois lui en firent perdre la pensée par « une espèce de chicane, qui fut le prélude de la fameuse révolte qu'ils « firent éclater au XVe siècle. »

Voyez *Histoire des révolutions du comté de Bresse*, par Germain Guichenon, page 132.

enrichit les églises de précieux ornements ; il en construisit de nouvelles ; il fonda au lieu appelé le *Vignon*, commune de Saint-Martin-du-Mont, un couvent de religieux de l'observance de Saint-François, qui a été détruit dans la suite.

Ce prince fut d'abord marié à Yolande-Louise de Savoie, sa cousine, fille de Charles Ier, duc de Savoie, et de Blanche de Mont-Ferrat. Ce mariage, célébré le 12 mai de l'année 1496, ne fut pas heureux : la duchesse mourut bientôt, et le duc épousa, quelques années après, l'illustre Marguerite d'Autriche, dont le nom est si cher à nos provinces. .

Marguerite d'Autriche était fille de Maximilien Ier, archiduc d'Autriche, qui fut ensuite empereur, et de Marie de Bourgogne, fille unique de Charles-le-Téméraire, duc de Bourgogne et de Brabant, comte de Flandre. Elle naquit à Bruxelles, le 10 janvier 1479, selon Corneille Agrippa en son oraison funèbre ; ou le 10 janvier 1480, suivant le plus grand nombre des historiens. Elle n'avait encore que trois ans lorsque, par la négociation du duc Philippe, qui fut depuis son beau-père, elle fut fiancée au dauphin de France, fils de Louis XI, qui monta sur le trône la même année, et régna sous le nom de Charles VIII. La cérémonie se fit au mois de juillet 1483, dans le château d'Amboise, où la princesse avait été amenée par les Gantois au mois d'avril précédent, et où elle fut depuis élevée avec tous les égards dus à sa naissance et à son rang.

Quelques historiens prétendent que cette princesse fut réellement mariée à Charles VIII ; d'autres disent qu'elle ne fut que promise. Quoi qu'il en soit, le conseil fit envisager au roi, qu'en épousant Anne de Bretagne, il réunirait à sa couronne la province de Bretagne, dont elle était seule héritière, ce qui serait pour lui un très-grand avantage. Il résolut d'épouser cette princesse préférablement à Marguerite d'Autriche; il obtint à cet effet, de la cour de Rome, une double dispense qui, cassant ses promesses de mariage avec Marguerite d'Autriche, et celles d'Anne de Bretagne avec l'empereur Maximilien, lui permettait de se marier avec cette dernière princesse. Ce nouveau mariage fut conclu à Langeais en Touraine, le 6 décembre 1491, et cette même année, Marguerite fut reconduite en Flandre auprès de Maximilien, son père.

La princesse fut sensible à cette disgrâce. On raconte qu'un jour ayant bu du vin fort vert, elle demanda de quel pays il était; comme on lui eut répondu qu'il était de France: *Je ne m'en étonne pas,* dit-elle, *les serments n'y valent rien;* faisant un jeu de mots à la manière de ce temps-là, entre le sarment qui porte le raisin et le serment qu'on avait violé à son égard. Au reste, cet abandon que la politique et l'intérêt national avaient exigé, ne fit aucun tort à Marguerite d'Autriche : plusieurs princes recherchèrent son alliance. Elle fut accordée, l'an 1497, à Jean de Castille, infant d'Espagne, fils unique de Ferdinand V, roi d'Aragon. Elle partit pour l'Espagne, âgée de dix-sept ans, et s'embarqua à Flessingue, ville des Provinces-Unies; mais la flotte qui la conduisait fut battue dans la Manche d'une si terrible tempête, que tout l'équipage désespéra d'échapper à la fureur des flots. La princesse sut, au milieu de ces horreurs, conserver toute sa présence d'esprit; elle demanda de l'encre, et écrivit elle-même ces deux vers sur un papier qu'elle plia dans une boîte avec ses joyaux et s'attacha ensuite au bras, pour servir à la faire reconnaître après sa mort :

Cy git Margot, la gentil damoiselle,
Qu'eut deux marys, et si mourut pucelle.

Cette précaution se trouva heureusement inutile : la
tempête s'apaisa, et Marguerite, après avoir pris terre
pendant quelques jours à Hampton, port d'Angleterre,
se remit en mer et aborda enfin à Burgos, qui était alors
la capitale de la Castille. Le roi d'Aragon l'y attendait avec
son fils, et le primat d'Espagne y fit la célébration de leur
mariage.

La joie dont cette cérémonie fut accompagnée ne dura
pas long-temps. Marguerite d'Autriche devint veuve le 4
octobre de l'année suivante 1498, et perdit même un fils
dont elle était accouchée peu de temps après la mort
de son époux. Ces malheurs l'obligèrent à retourner en
Flandre, où elle fut bientôt recherchée par plusieurs
grands princes. Philibert-le-Beau, duc de Savoie, l'obtint,
et le contrat fut signé à Bruxelles le 26 septembre 1501.
Peu de temps après, Louis de Gorrevod, évêque de
Maurienne, leur donna la bénédiction nuptiale à Roman-
Moutier, dans le pays de Vaud.

La ville de Bourg, en particulier, donna dans cette
occasion des preuves éclatantes de l'intérêt qu'elle prenait
à la satisfaction générale. Le prince et la princesse s'y
étant rendus après leur mariage, les syndics, pour perpétuer la mémoire d'un événement aussi heureux, firent
frapper de grandes médailles de cuivre, sur lesquelles on
voyait d'un côté le buste du prince et celui de la princesse,
s'entre-regardant dans un champ semé de fleurs de lis et
de lacs d'amours, avec ces mots à l'entour :

Philibertus, Dux Sabaudiæ VIII Marguarita Maxi.
Cass. Aug. Fi. D. Sab.

Et de l'autre l'écu, partie des armes de Savoie et d'Autriche, surmonté d'un grand lac d'amour, et environné de ces mots :

Gloria in altissimis Deo, et in terrâ
pax hominibus. Burgus.

On voit encore une de ces médailles dans la sacristie des Pères de Brou (1). Le malheur qui semblait suivre la princesse ne la laissa pas jouir long-temps de son nouvel état. Le duc était à la chasse du côté de Lagnieu en Bugey; on lui prépara à dîner près d'une fontaine, à Saint-Burba ou Saint-Vulbas, sur le bord du Rhône : le prince avait chaud, la fraîcheur qu'il y trouva lui causa une pleurésie dont il mourut à l'âge de vingt-quatre ans, après en avoir régné sept, le 10 septembre 1504, au château de Pont-d'Ain, dans la même chambre où il était né. Marguerite d'Autriche fut donc obligée de rendre encore les derniers devoirs à un époux. Elle fit inhumer son cœur dans une chapelle de Pont-d'Ain, et mit en dépôt son corps dans l'ancienne église de Brou, auprès de celui de Marguerite de Bourbon, sa mère. Elle s'occupa dès lors du projet d'exécuter enfin le vœu de cette vertueuse princesse, pour satisfaire tout-à-la-fois et aux mouvements de sa piété et aux désirs du prince, à qui une mort trop prompte en avait ôté la gloire.

Marguerite éprouva des contrariétés dans l'entreprise de ce grand ouvrage ; son conseil même fut d'un avis contraire au sien. On lui fit envisager l'embarras de son

(1) Elle est aujourd'hui entre les mains de M. Aimé Bouvier, avocat à Bourg.

gouvernement, la médiocrité de ses revenus, l'immensité des dépenses dans lesquelles elle allait s'engager, la difficulté de se procurer des matériaux dans un pays tel que la Bresse (1); la rareté des bons ouvriers dans une province où l'on ne connaissait encore, pour ainsi dire, que l'usage de la brique, de la terre et du bois : on lui fit entrevoir des oppositions de la part de ceux qui étaient

(1) Quand on considère attentivement la situation de Brou, la nature du sol, les vastes forêts et les riches carrières qui l'environnent à peu de distance, on se persuade au contraire que, sous tous les rapports, le choix du lieu était très heureux, et qu'on y pouvait trouver toutes les facilités et les ressources pour l'exécution d'un si grand dessein.

Mais un motif bien plus puissant avait déterminé Marguerite de Bourbon, et, après elle, Marguerite d'Autriche, à choisir cet emplacement. La retraite de saint Gérard, dont on parlera bientôt, l'église et le monastère qu'il construisit dans la forêt de Brou, les nombreux disciples qui y vinrent se former à la vertu sous un si habile maître; les exemples d'édification et de piété qu'il y donna pendant trente-un ans, avaient inspiré aux fidèles un profond sentiment de vénération pour ce séjour du silence et du recueillement. La mort du saint évêque ne fit qu'ajouter à la réputation qu'il laissa parmi les peuples. Dans leurs calamités et leurs épreuves ils recouraient à lui et l'invoquaient avec confiance. Leurs espérances ne furent pas trompées, et les faveurs dont ils se reconnaissaient redevables à sa puissante intercession rendaient de jour en jour plus célèbre le lieu qui avait été si long-temps le théâtre de ses vertus et de sa pénitence. La vénération publique pour Brou subsistait encore lorsque, après six siècles environ, Marguerite de Bourbon se vit menacée de perdre son époux. La pieuse princesse n'hésita pas de choisir un lieu déjà si révéré, pour l'érection de l'église qui devait être le gage solennel de sa reconnaissance envers le Ciel ; et Marguerite d'Autriche, pour les mêmes motifs, dut à son tour se conformer en tous points à l'engagement sacré contracté par la mère du jeune époux qu'elle pleurait. (*Voyez les Considérations et Recherches sur les monuments de Brou.*)

1*

alors en possession de Brou. Elle n'en fut point ébranlée, et commença par s'assurer la rente annuelle de douze mille écus d'or au coin de France, qui lui avait été promise pour son douaire par Philibert-le-Beau. Elle s'adressa pour cet effet à Charles III, frère et successeur de ce prince, et demanda que son douaire fût rempli. Les provinces de Bresse, de Vaud et de Faucigny, qu'on lui avait d'abord cédées pour sa vie, n'étant pas suffisantes, on y ajouta le comté de Villars et la seigneurie de Gourdans, avec toute justice, haute, moyenne et basse, premier et second degré de juridiction, l'hommage des nobles, le pouvoir d'instituer des officiers, même un conseil en place du juge des appellations, et une chambre des comptes; enfin, la liberté de racheter les biens du domaine de Bresse, qui avaient été aliénés ou engagés. Le traité qui contient tous ces articles fut conclu et arrêté à Strasbourg, le 5 mai 1505, en présence de Maximilien, père de Marguerite, par Amé, baron de Viry; Amblard Goyet, abbé de Filly; Hugues de la Balme, seigneur du Tiret; et Jean du Four, jurisconsulte, envoyés en ambassade à la princesse par Charles III, son beau frère. Ce prince ratifia ce traité le 5 août suivant, et Marguerite d'Autriche y souscrivit le 18 septembre de la même année 1505.

S'étant ainsi procuré des moyens pour la construction de l'église de Brou, la princesse donna ses ordres pour la recherche des matériaux et des ouvriers (nous en parlerons dans le huitième chapitre), tandis qu'elle sollicitait à la cour de Rome les bulles nécessaires pour l'accomplissement de son projet. Mais avant que de la suivre dans l'exécution, nous allons parler du lieu où fut bâtie l'église, et de la manière dont elle a été exécutée. Nous parlerons du testament et de la mort de Marguerite d'Autriche, lorsque nous ferons la description de son mausolée, dans le quatrième chapitre.

————

Ce n'est pas seulement en qualité de fondatrice de la magnifique église de Brou, que Marguerite d'Autriche mérite une place distinguée dans cette histoire. Souveraine de nos pays qui faisaient alors partie du duché de Savoie, sa sagesse, sa prudence, sa modération dans le gouvernement de ses états, son amour pour ses peuples, son zèle éclairé pour la religion, lui donnent droit de figurer parmi les plus grands princes qui ont régné sur ces contrées. Ainsi, nous croyons faire plaisir au lecteur de réunir sur cette intéressante princesse quelques détails historiques qui avaient échappé au P. Rousselet, et que nous empruntons au judicieux auteur des *Recherches sur les monuments de Brou.*

Privée d'un époux chéri à la fleur de l'âge, la sensible Marguerite prit la résolution ferme de renoncer à contracter de nouveaux liens, et, dirigeant vers la religion toutes les affections de son âme, elle n'eût plus que deux pensées : faire le bonheur de ses sujets, et exécuter le vœu de Marguerite de Bourbon. Elle entra bientôt sur la scène politique et devint gouvernante des Pays-Bas, qu'elle régit long-temps avec sagesse dans des circonstances difficiles; elle eut, en outre, la jouissance du comté de Bourgogne, du Charollais, etc., tandis que du chef du duc Philibert-le-Beau, son douaire comprenait la Bresse et le Bugey, le Faucigny, le pays de Vaud, une rente de 12,000 écus d'or, etc.

« L'empereur, dit Garnier (*Histoire de France*, tome XI, « édit. in-4°, page 332), ne pouvait faire choix d'un ministre « plus actif et plus intelligent. Douée d'un génie profond, « élevée dans l'adversité, formée au manége de cour dans « celle de Ferdinand, Marguerite fut l'ennemi le plus dan- « gereux que le destin pût susciter à la France, où elle

« avait éprouvé l'affront à jamais sensible de son renvoi et de
« la non exécution du traité d'Arras à son égard. »

Tous les pays soumis à sa domination ou à son administration
lui durent leur repos au milieu de l'agitation générale de
l'Europe; ils bénirent son gouvernement; l'agriculture et les
arts y firent des progrès notables. Elle fut principalement pour
les Pays-Bas ce que François 1er fut pour la France. Elle y
honora, encouragea et protégea les lettres, qu'elle cultivait
elle-même; elle accueillait les savants : Jean Molinet fut son
bibliothécaire et son aumônier; Cornélius Agrippa, son historiographe. Elle a laissé divers ouvrages en vers et en prose,
entr'autres un *Discours de sa vie et de ses infortunes*. Le *Recueil
de ses chansons* existe dans la bibliothèque du roi; celui des
lettres de Louis XII en renferme plusieurs de Marguerite ;
on en trouve aussi un assez grand nombre dans la grande
collection en 80 volumes in-fol°. des manuscrits connus sous
le titre général de *Manuscrits de Granvelle*. Ce cardinal, qui
était archevêque de Malines, avait une grande part à la
confiance de Marguerite, à laquelle il devait son élévation
au cardinalat.

On lit dans un mémoire historique sur la bibliothèque de
Bruxelles, par M. Santander (Paris, chez les frères Tillard,
1 vol. in-8°, 1809), et dans l'extrait qui en fut inséré, en
1809, au *Mercure de France* (13 septembre), le passage
suivant :

« C'est avec plaisir que l'on remonte le cours des siècles
« pour assister aux règnes brillants de Philippe-le-Bon, duc
« de Bourgogne, et de Marguerite d'Autriche, si célèbre par
« son esprit, sa gaîté et ses malheurs. Cette princesse,
« chargée du gouvernement des Pays-Bas pendant la minorité
« de Charles-Quint (son neveu et son héritier), y fit fleurir
« les lettres et les arts. »

M. de Santander donne à ce sujet des détails remplis
d'intérêt. Marguerite aimait surtout la poésie française; elle

composait des vers et des chansons dont il rapporte quelques fragments. Voici une strophe qui n'est certainement pas dépourvue de verve ni d'harmonie :

> Cueurs désolés, par toutes nations,
> Deul rassemblés et lamentations,
> Plus ne querez l'harmonieuse lire.
> Liesse, esbas et consolation :
> Laissez aller plaintes, pleurs, passions,
> Et m'aidez tous à croître mon martire.
> Cueurs désolés !

En lisant cette strophe, prise au hasard dans un grand nombre d'autres, on ne doit pas perdre de vue qu'elle fut composée il y a plus de trois cents ans, cinquante années avant la naissance de Malherbe, et qu'à cette époque la langue et la poésie françaises, encore informes, ne peuvent être comparées avec leur état actuel.

CHAPITRE II.

Du prieuré de Brou avant la fondation de Marguerite d'Autriche.

Brou est situé dans la province de Bresse, à 625 mètres environ au midi de la ville de Bourg, qui en est la capitale, sur le grand chemin qui conduit à la rivière d'Ain, aujourd'hui route impériale de Lyon à Strasbourg, à 46 degrés 12 minutes de latitude, et 2 degrés 54 minutes à l'orient de Paris, c'est-à-dire 22 degrés 54 minutes de longitude. Ce n'était qu'une épaisse forêt lorsqu'en 927 ce lieu devint célèbre par la retraite de saint Gérard, vingt-cinquième évêque de Mâcon. Ce saint prélat, dégoûté du commerce du monde, après avoir volontairement abdiqué son évêché pour ne plus s'occuper de la terre, y construisit un ermitage où il passa le reste de ses jours, et où il mourut en odeur de sainteté, l'an 958 (1).

Les historiens ne sont pas d'accord sur le lieu de sa sépulture : quelques-uns veulent que son corps ait été inhumé à Mâcon ; d'autres prétendent que c'est à Brou. Fustailler et Hugues Ménard favorisent ce dernier sentiment. Le premier, parlant de saint Gérard, s'explique en ces termes : *Brovii saltum, propè Tani oppidum, cui Burgo nunc nomen est, cœnobium inibi construxit, in quo usque ad vitæ exitum, pientissimè vixit.* « Ce prélat, dit-il, se retira « à Brou près de la ville de Tanum, que l'on appelle « aujourd'hui Bourg-en-Bresse, où il bâtit un monastère « dans lequel il s'exerça jusqu'à la mort à la pratique de « toutes les vertus. »

Hugues Ménard, dans son *Martyrologe des Saints de l'ordre de Saint-Benoît,* parle encore plus clairement, puisqu'il dit en termes exprès, que saint Gérard a été enterré dans la Bresse : *Kalendis junii, in agro Bressiano, depositio sancti Geraldi, episcopi Matisconensis et confessoris* (2). Mais

---

(1) Saint Gérard est souvent représenté dans les documents historiques de Mâcon, comme l'appui du faible et de l'opprimé ; il en donna des preuves signalées, et lutta toujours pour la justice et l'humanité contre les entreprises des grands. Il se fit ainsi des ennemis dangereux parmi les seigneurs alors tout puissants, et eut beaucoup à souffrir de leur ressentiment, surtout en 915. Il paraît que les obstacles et les chagrins qu'il éprouva en faisant le bien le dégoûtèrent du monde, et influèrent sur son abdication et sa retraite à Brou.

(2) D'après des témoignages aussi formels, il ne paraît pas qu'on puisse raisonnablement contester à la Bresse l'honneur de posséder les précieuses dépouilles du saint anachorète qui en fut si long-temps

quoi qu'il en soit du lieu de sa sépulture, il est certain qu'il a illustré la solitude de Brou par la sainteté de sa vie, et qu'il y a fait sa demeure pendant l'espace de trente-un ans.

La réputation de saint Gérard ne pouvait manquer de se répandre et de lui attirer des disciples. On vit bientôt s'élever à Brou un monastère célèbre. Fustailler, Saint-Julien, Guichenon, nous disent que le nombre des religieux s'augmentant de jour en jour, il s'y forma un prieuré. Voici les noms des prieurs qui succédèrent à saint Gérard; la liste est imparfaite, parce que, malgré toutes mes recherches, je n'ai pu en trouver exactement la suite.

1. Saint Gérard, fondateur, y vécut depuis l'an 927 jusqu'à l'an 958.

2. Jean Guilly, religieux de Saint-Oyen, ordre de Saint-Benoît, y était prieur l'an 1084.

3. F. Clément, religieux d'Ambronay, compagnon de Martin et d'Otho, tous deux religieux de la même abbaye, qui s'étaient retirés dans une cellule, dont j'ai vu encore des vestiges, près de la fontaine du moulin de Brou. Ce F. Clément, après avoir été prieur de Brou jusqu'à l'année 1187, se fit ensuite chartreux à Seillon, près de Bourg.

4. F. Jean de Saint-Alban, en 1289. Il transigea avec le curé de Bourg, par l'entremise de Bertrand de Got ou

l'ornement par ses vertus. Fustailler, le plus ancien historien qui ait parlé de Brou, dit expressément *que saint Gérard mourut dans le monastère qu'il y avait construit*, et personne ne révoque en doute ce fait important. Ménard non-seulement assure que *c'est en Bresse que le saint fut inhumé*, mais il en détermine l'époque précise, *kalendis junii*. Un ancien manuscrit, que nous avons sous les yeux, dit qu'*il est évident que le saint prélat a été inhumé à Brou, et non pas à Mâcon, comme quelques-uns l'ont voulu*.

d'Agout, vicaire-général de l'archevêque de Lyon, puis archevêque de Bordeaux, et enfin pape sous le nom de Clément V. C'est ce pape qui transféra le Saint-Siége à Avignon, et qui détruisit l'ordre des Templiers dans le concile qu'il tint à Vienne en Dauphiné l'an 1311.

5. Etienne de Rihnieu, en 1298.

6. F. Jean de Clermont, religieux d'Ambronay, en 1319 et 1324. Ce prieur fit en 1319 une convention avec Amé, cinquième du nom, comte de Savoie, par laquelle il lui remit le prieuré de Brou, à la charge d'y tenir un religieux pour y faire le service divin. Cette maison était déjà déchue de sa première splendeur.

7. F. Guillaume Cadot, en 1359.

8. F. Pierre de Muguet, en 1367.

9. Le cardinal de la Tour, en 1371. Le F. Martin de Chambut, religieux de l'ordre de Cluny, prieur de Ratenelle et doyen de Noblens, fut son administrateur.

10. F. Jean de Loges, en 1384.

11. Pierre, cardinal de Turcy, du titre de Ste-Susanne, en 1394. Depuis, par acte du 14 novembre 1411, le prieuré de Brou fut uni à l'abbaye d'Ambronay, qui en était regardée comme la mère, parce qu'elle avait fourni le plus grand nombre des religieux qui l'avaient habité d'abord; mais sans doute cette union n'a pas eu lieu, puisqu'il y a eu encore d'autres prieurs.

12. F. Philibert de Chilley, religieux du monastère de Saint-Oyen, depuis l'an 1415 jusqu'en 1435. Ce prieur eut de grands démêlés avec le curé de Bourg. Le concile de Constance en renvoya la connaissance à Jean, évêque d'Ostie, cardinal, par l'autorité duquel il y eut entr'eux un compromis en 1416. Les arbitres furent Amé, élu archevêque de Lyon; Louis, abbé de Tournus; Jean de

Juis, prieur de Neuville ; et Jean Bolozon, archidiacre de Narbonne.

13. F. Antoine Fornier, en 1447.

14. Bertrand de Loras, depuis 1455 jusqu'en 1491. Il était de la noble famille de Loras en Dauphiné et prieur de Saint-Sorlin. C'est de son temps que Marguerite de Bourbon fit le vœu dont j'ai parlé, et que Philippe II, son époux, donna à l'église de Brou deux cents florins de rente, en attendant que la fondation pût s'exécuter.

15. Jean de Loriol, chanoine des églises de Genève et de Vienne, protonotaire apostolique, abbé de Saint-Pons, prieur commendataire de Brou et évêque de Nice, fut le dernier prieur de Brou. Ce fut sous lui et à sa sollicitation que se fit, en 1505, la réunion de ce prieuré à l'église de Notre-Dame de Bourg, que l'on bâtissait alors. Brou n'était depuis long-temps qu'un prieuré avec le titre de paroisse, sous le vocable de saint Pierre ; l'église était desservie par vingt-huit prêtres qui, par la bulle de réunion, devinrent chargés de la desserte des deux églises.

L'année suivante 1506, Marguerite d'Autriche obtint de la cour de Rome la bulle qu'elle sollicitait pour l'exécution du vœu de Marguerite de Bourbon. Elle avait demandé deux choses qui lui furent accordées ; la première, qu'il lui fût permis de faire bâtir l'église sous le vocable de saint Nicolas de Tolentin, au lieu de celui de saint Benoît, à l'honneur duquel sa belle-mère avait promis d'élever cet édifice (1), et de placer dans le monastère qu'elle

(1) Marguerite d'Autriche avait une dévotion toute particulière à saint Nicolas de Tolentin. Au milieu des épreuves et des tribulations dont sa vie fut si souvent traversée, elle s'adressait toujours à lui avec a plus tendre confiance, et toujours elle obtint du ciel, par sa puissante

bâtirait, non des Bénédictins, ainsi que portait le premier
vœu, mais des Augustins de la congrégation de Lombardie;
la seconde, qu'il plût au souverain pontife d'ordonner la
translation entière et absolue du prieuré de Brou et des

intercession, les grâces les plus signalées. Ce fut pour satisfaire sa piété
envers ce grand saint, et lui témoigner sa reconnaissance, qu'elle le
choisit pour le patron de l'église qu'elle voulait élever à la gloire du
Très-Haut. Un court exposé des vertus de saint Nicolas montrera com-
bien la confiance de la pieuse princesse était bien placée.

Saint Nicolas, surnommé de Tolentin à cause du long séjour qu'il fit
dans cette ville, naquit dans la Marche d'Ancône, de parents peu
favorisés des biens de la fortune, mais riches en vertus. Il se distingua
dès l'enfance par la douceur de son caractère, sa docilité, sa modestie,
son goût pour la prière et sa tendre charité pour les pauvres. Charmés
de ces heureuses dispositions, ses parents mirent tout en œuvre pour
les cultiver et les perfectionner. Comme il joignait à la vivacité de l'esprit une excellente mémoire et un jugement solide, il fit de rapides
progrès dans les études. Ayant entendu un ermite de St-Augustin prê-
cher sur les vanités du monde, il se sentit confirmé dans la résolution
qu'il avait déjà prise de vivre dans la retraite, et il entra dans l'ordre
du saint religieux dont le discours avait fait sur lui une si profonde
impression. Elevé au sacerdoce, sa ferveur parut prendre un nouvel
accroissement. Lorsqu'il était à l'autel, son visage paraissait enflammé,
et des larmes abondantes coulaient de ses yeux. Il prêchait tous les
jours, et tous les jours ses prédications étaient signalées par des
conversions éclatantes. La patience du saint fut mise long-temps à
l'épreuve par de fréquentes maladies qui ne purent jamais altérer cet
air doux et gracieux qui lui gagnait tous les cœurs. La méditation de la
passion de J.-C. était le souverain remède à tous ses maux. Ce tendre
objet de ses affections le transportait hors de lui-même. Souvent il se
plaignait de ne pouvoir rendre que des larmes à son Sauveur, pour le
sang qu'il lui avait donné sur la croix. Il fut favorisé de plusieurs
grâces extraordinaires, et opéra un grand nombre d'éclatants miracles.
Il mourut le 10 septembre 1309 et fut canonisé, en 1446, par le pape
Eugène IV.

prêtres qui le desservaient, avec le titre de paroisse qui y était attaché, à l'église de Notre-Dame de Bourg, à laquelle ils avaient été réunis l'année précédente. Louis de Gorrevod, évêque de Maurienne, abbé d'Ambronay, patron et collateur de ce prieuré, et Jean de Loriol, évêque de Nice et dernier prieur de Brou, avaient tous deux consenti à la translation.

Cette bulle, donnée par Jules II, et datée de Rome le 17 août 1506, fut publiée en présence de la princesse et d'une cour nombreuse, le 5 septembre de la même année, à la fin de la grand'messe, dans l'église de Saint-Pierre de Brou, qui cessa pour lors d'être une église paroissiale.

Marguerite fit éclater alors les marques de la plus tendre satisfaction ; cette journée semblait la dédommager de tous les revers que la fortune lui avait fait éprouver. On en jugera par l'activité qu'elle mit dans l'exécution de son ouvrage, et par la magnificence de l'édifice que nous allons décrire.

CHAPITRE III.

Description de l'église de Brou.

Cette église est bâtie dans le genre gothique, à la vérité, mais avec une régularité et une élégance qui font le plus bel effet. On n'était pas encore revenu au genre de l'architecture grecque et romaine que Michel-Ange fit régner quelques années après dans toute l'Italie ; et notre église est peut-être la dernière de cette beauté qu'on ait faite dans le genre gothique. Elle est en forme de croix latine, c'est-à-dire que la nef est plus longue que la croisée. Elle a 210 pieds et demi de longueur dans œuvre, savoir : depuis la principale porte jusqu'au jubé, 112 pieds 8 pouces, et depuis l'entrée du jubé jusqu'au chevet, 97 pieds 10 pouces. On jugera que c'est beaucoup si l'on considère que Saint-Pierre de Rome, la plus grande église de l'univers, n'a que 571 pieds de longueur.

Enfin l'église de Brou a 107 pieds de large à la croisée, 90 pieds à la grande nef, en y comprenant les chapelles, et 60 de hauteur sous voûte ; elle est orientée suivant l'usage, c'est-à-dire que la grande porte est au couchant, et l'autel du côté du levant, ou à peu près.

La façade extérieure n'a point d'ordre particulier d'architecture : c'est un assemblage très-riche d'ornements gothiques et d'arabesques ; trois frontons formés en triangle, dont celui du milieu est plus élevé, couronnent ce frontispice. Chacun de ces frontons est orné avec beaucoup d'art et de proportions, de même que l'avant-corps qu'ils terminent ; et parmi les ouvrages curieux que l'on y voit, on trouve de grands contre-forts garnis de niches très-habilement travaillées.

Le grand portail est assez beau pour mériter quelque attention. On y remarque surtout la statue de saint Nicolas de Tolentin, qui repose sur le pilier servant de séparation aux deux portes de l'église (1) ; celle des apôtres saint

---

(1) En entrant par la porte à gauche, on aperçoit une pierre, d'une forme irrégulière, incrustée très-proprement dans la base de ce pilier. On prétend que ce fut le dernier ouvrage d'André Colomban, dont on parlera bientôt, et qu'il la posa même après être devenu aveugle. Quoique ce fait soit consigné dans des manuscrits anciens que nous avons consultés, et qu'il soit confirmé par la tradition, quelques personnes croient pouvoir le révoquer en doute.

Pierre et saint Paul, qui sont des deux côtés, l'une à gauche, l'autre à droite. Celles de Jésus-Christ, du prince et de la princesse, de leurs patron et patrone, et des génies qui les accompagnent, placées au-dessus de ces portes, sont d'une belle pierre blanche. Les piédestaux avec leurs bases, les niches, les feuillages, les chiffres, les bouquets y sont si multipliés et travaillés à jour avec une délicatesse si grande, que ces ouvrages extérieurs n'ont pu manquer de souffrir quelques dégradations dans un intervalle de plus de trois cents ans. Au-dessus du portail, et sur la galerie à claire-voie qui le domine, paraît une figure en grand de saint André appuyé sur sa croix : cette statue est fort estimée. On prétend qu'elle est l'ouvrage et la représentation d'André Colomban, que l'on croit avoir été l'architecte de l'église, et qui en fut au moins le principal artiste (voy. ci-après chap. VIII). Derrière cette figure sont de grands vitraux destinés à éclairer la nef. Au-dessus de ces vitraux, on voit une seconde galerie également à claire-voie, surmontée de quatre vitraux, dont l'un est en rosette, les trois autres en triangle. Plus haut encore, s'élève le fronton du milieu, ayant à son extrémité un grand et beau fleuron, et deux colonnes de chaque côté avec leurs bases et chapitaux, sur chacune desquelles est un lion assis portant les armes de Bourgogne.

Au-devant de l'église on a fait un vaste cadran horizontal de forme ovale, où chacun peut voir l'heure qu'il est au soleil, en servant soi-même de style, pourvu qu'on soit placé sur la lettre qui indique le mois où l'on se trouve (1).

Passons actuellement à l'intérieur de l'église. La clarté qui y règne, augmentée par la blancheur naturelle des

(1) Nous donnerons la description de ce cadran à la fin de cet ouvrage.

pierres dont elle est construite, lui donne le coup d'œil le plus gracieux; on dirait qu'elle vient d'être finie; et il n'y a presque pas d'exemple d'un bâtiment qui, après plus de trois cents ans, ait encore le brillant et la fraîcheur de son premier état. En entrant, on aperçoit la grande nef en son entier; on la voit se prolonger dans une majestueuse étendue; on est frappé de la magnificence du chevet et des vitraux qui la terminent, de l'agréable proportion et de l'extrême légèreté de tout cet édifice; on admire surtout la manière dont la voûte vient se reposer sur les piliers qui ont sept pieds de diamètre. Les clefs des voûtes sont ornées de cartouches: sur les uns ce sont les armes de Marguerite d'Autriche, accolées à celles du prince Philibert son époux, ornées de fleurs et de feuillages; sur les autres ce sont des bâtons noueux en sautoir, avec des briquets et trois lames de feu au-dessous, dont il est nécessaire de donner ici la signification.

Le roi de France Charles VI étant tombé dans une espèce de frénésie, le royaume se vit divisé en deux puissantes factions: l'une avait pour chef Louis, duc d'Orléans, qui, comme frère du roi, prétendait à la régence pendant sa maladie; l'autre tenait pour Jean, duc de Bourgogne, qui y prétendait aussi comme oncle du roi. Au milieu de ces divisions si funestes à l'État, et qui faillirent causer sa perte, le duc d'Orléans prit pour devise deux bâtons noueux en sautoir, avec ce mot: *Je l'envie;* voulant dire qu'il frapperait des coups si forts, qu'il l'emporterait sur le duc de Bourgogne. Celui-ci, de son côté, prit un fusil ou briquet, avec cette devise: *Prius ferit quam flamma miscet;* peut-être méditait-il la mort de Louis d'Orléans, qu'il fit assassiner à Paris, le 23 novembre 1407. Il y en a qui pensent que ce que je nomme ici briquet, est un

rabot que prit le duc de Bourgogne en dérision des bâtons
noueux dont il se flattait d'effacer les nœuds comme avec
un rabot.

On y voit aussi fréquemment les premières lettres des
noms de Philibert et de Marguerite, P. M., liées avec
grâce par des entrelacs. Ceux qui s'appliquent à suivre
les détails de l'appareil ou de la coupe des pierres, re-
connaissent que c'est un chef-d'œuvre de l'art pour cette
partie; tout y est de la plus grande exactitude; les nervures et les arcs-doubleaux qui soutiennent et partagent
la voûte, viennent prendre leur naissance jusque dans
la base des piliers, aux moulures desquels ils répondent
avec la plus exacte symétrie. M. l'abbé Vernette, très-
versé dans l'architecture, et qui a levé les plans de cette
église, en a admiré les détails de construction dans les
choses mêmes qui paraissent le moins. Il a remarqué une
espèce d'inflexion dans la voûte, par laquelle il croit que
l'architecte voulait imiter, pour ainsi dire, le corps de
Jésus-Christ couché dans le tombeau.

Les nefs collatérales sont un peu moins élevées que la
nef principale, et moins larges, mais elles ont la même
noblesse et les mêmes proportions. Dans chacune des deux
dernières, à droite et à gauche, sont quatre chapelles
régulièrement placées, et toutes éclairées par de grands
vitraux, dont le couronnement, formé par différents
traits de pierres, est aussi léger que bien entendu. Les
autels que l'on y voit sont remarquables, et par leur
élégante simplicité et par les tableaux dont quelques-uns
sont attribués à de bons maîtres (1). Il y a aussi sur la

(1) Ces tableaux ont tous disparu pendant la révolution.

droite un grand bénitier de marbre noir, autour duquel on lit la devise de la princesse.

Lorsqu'on est arrivé à la croisée de l'église, on trouve le jubé. Il a 35 pieds de largeur sur 24 de hauteur, y compris le couronnement, et il renferme dans toute son étendue une multitude d'ornements dont le détail serait infini ; des groupes, des rinceaux (branches d'arbre), des bouquets, des fleurons, des guirlandes, des lacs, des chiffres : tout cela, quoiqu'en simple pierre blanche, est travaillé à jour avec la plus grande délicatesse. Les statues, les niches, les piédestaux, les culs de lampe que l'on y voit, sont de la même beauté, et concourent à faire du jubé un morceau très-curieux et très-riche. Il est porté sur quatre piliers qui forment trois arcades, et couronné par une belle balustrade sur laquelle sont placées sept grandes statues de marbre blanc : celle du milieu est un *Ecce Homo* ayant à sa droite saint Nicolas de Tolentin, puis sainte Monique, ensuite un autre *Ecce Homo*, et à sa gauche saint Augustin, saint Antoine et saint Pierre.

Sur le dernier pilier du jubé, à droite par rapport au spectateur, on voit une table d'albâtre où paraît un cœur, en gros relief, surmonté des armes de l'ancienne maison de Château-Vieux. C'est un monument de l'affection d'un des chefs de cette famille pour le couvent de Brou, où il fit déposer son cœur. L'épitaphe n'est plus lisible ; mais la voici telle que nous l'avons trouvée dans nos manuscrits :

Cy gît le cœur de haut et puissant seigneur Claude de Chalant, dit de Château-Vieux, en son vivant seigneur de Verjon, Arbent, baron de Cuzance, de Rochefort et de Mornay, qui trépassa en la maison de céans, le 22 juillet 1551. Priez Dieu pour son âme.

On prétend que la rature que l'on voit sur cette épitaphe a été faite par un duc de Savoie, qui, l'ayant lue, tira son poignard et la barra en disant : « Je ne crois pas qu'il y ait dans mes états de haut et de puissant seigneur autre que moi. » A supposer la vérité de ce fait, ce ne pourrait être qu'Emmanuel-Philibert, appelé *Tête-de-Fer,* qui, le 26 septembre 1567, passa une partie de la journée dans le couvent de Brou ; car on n'a pas connaissance qu'aucun autre duc de Savoie y soit venu, quoique le registre de la sacristie fasse mention de tous les princes souverains qu'on a reçus dans cette église.

Avant d'entrer dans le chœur, on trouve sous le jubé deux chapelles où l'on voyait autrefois deux tableaux très-estimés, surtout celui de saint Augustin parlant à sainte Monique sa mère. On passe ensuite dans le chœur par une porte pratiquée entre ces deux chapelles sous le jubé.

En entrant dans le chœur, on remarque d'abord les stalles, qui sont de bois de chêne, mais ornées d'une foule prodigieuse de statues et de différents ouvrages qui méritent d'être considérés par la beauté de leur exécution et par les symboles qu'ils expriment.

En commençant par le côté droit, on aperçoit vingt-quatre petites figures qui représentent autant de prophètes ou de patriarches de l'Ancien-Testament, qui tous ont une expression véritablement remarquable. Si l'on s'applique à examiner les caractères qui les distinguent, il ne sera pas difficile d'en reconnaître quelques-uns. Il en est dont les attributs ne sont pas si déterminés. Je vais donner les noms tels que nos manuscrits les rapportent ; j'indiquerai les attributs de ceux en qui ils sont mieux développés (1):

(1) Plusieurs de ces statues ne se trouvent plus dans l'ordre qu'indique

2

1. Abraham levant une main au ciel.

2. Isaac méditant les choses célestes.

3. Le symbole de la Force. On voit en effet la force exprimée d'une manière frappante dans cette figure dont la main tient une barbe longue et touffue.

4. Jacob qui lutte avec l'ange du Seigneur.

5. Isaïe qui annonce l'incarnation du Verbe.

6. Jérémie annonçant aussi l'incarnation.

7. Aaron, grand sacrificateur.

8. Moïse montrant les tables de la loi.

9. Néhémie; la prudence et la valeur le caractérisent.

10. Ezéchiel qui dévore un volume.

11. David tenant sa harpe, les yeux au ciel, la couronne sur la tête.

12. Daniel présentant ses prophéties, vêtu en officier de Cyrus.

13. Samuel en vieillard, appuyé sur un bâton, une épée à son côté comme juge d'Israël.

14. Osée montrant le ciel d'une main, et reprochant aux Juifs de l'avoir irrité.

15. Joël faisant la lecture du livre de ses prophéties.

16. Amos dans la contemplation.

17. Abdias levant une main vers le ciel, portant de l'autre ses prophéties.

18. Jonas en voyageur accablé de tristesse.

ici le P. Rousselet: quelques-unes ont été enlevées pendant la révolution ; d'autres ont été déplacées ou mutilées, et les caractères qui servaient à les distinguer ont disparu. Nous ne croyons pas néanmoins devoir rien changer à la description de l'auteur, parce qu'on espère pouvoir rétablir par la suite les choses dans l'état primitif. C'est du moins le but qu'on s'est proposé dans la plupart des réparations importantes qui ont déjà été exécutées dans cette église.

19. Miché; son attitude marque un homme pénétré de ce qu'il annonce.

20. Nahum; l'énergie de son pinceau éclate dans sa figure.

21. Habacuc dans l'attitude d'un homme qui fuit avec effroi.

22. Aggée; il se repose sur son bâton et inspire la confiance.

23. Zacharie tourne la tête vers Malachie, à qui il montre le ciel avec le doigt.

24. Malachie, les yeux au ciel, le corps incliné du côté de Zacharie. Il semble compter sur ses doigts le temps de la venue du Sauveur.

Toutes ces figures sont presque dans le genre où se distingua ensuite le célèbre Callot, né à Nancy en 1543; surtout les figures de Michée, de Nahum, d'Habacuc et de Malachie.

Revenons sur nos pas pour considérer le lambris des stalles du même côté. Il y a d'abord trois panneaux, dont le plus bas représente, en bas-relief, Adam dans son premier sommeil, pendant lequel Dieu tira une de ses côtes pour former la femme. Celui du milieu représente, en plein-relief, Eve chassée du paradis terrestre par un ange qui tient en main une épée flamboyante. Le troisième est la représentation, aussi en plein relief, du meurtre d'Abel par son frère Caïn.

La partie du lambris en retour n'ayant qu'un seul panneau, représente l'apparition de Dieu à Moïse dans le buisson ardent.

A l'entrée du milieu des stalles, on verra sur la droite Manué, père de Samson, offrant à Dieu un holocauste en action de grâces de la promesse qui lui a été faite par un ange qu'il aurait un fils d'une force extraordinaire ; dans le même panneau paraît un ange qui s'élève au ciel avec la fumée de l'holocauste. A gauche, Samson ayant une des portes de la ville de Gaza sous son bras, et l'autre sur ses épaules.

Dans le panneau de la partie du lambris en retour, placé à l'extrémité des stalles de ce même côté, c'est la victoire de David sur Goliath, au moment où ce prince lui coupa la tête.

Le lambris à trois panneaux, qui n'est séparé du précédent que par le passage qui communique aux stalles, contient dans son panneau inférieur l'histoire de la chaste Suzanne, accusée par les impudiques vieillards et conduite en prison par leur ordre. Dans celui du milieu, la multiplication des vingt pains d'orge par le prophète Elisée ; et dans celui d'en haut, le sacre de Salomon par le prêtre Sadoc, accompagné du prophète Nathan, de Banaïas, premier capitaine des gardes de David, d'un héraut d'armes et de plusieurs autres personnages. On voit encore sur chacun des lambris à trois panneaux qu'on vient d'examiner, deux niches, dont chacune contient une grande figure : la première, du côté de la grande porte du chœur, est Aaron ; la seconde, placée à l'extrémité des stalles, représente Moïse. Le premier montre à Moïse le meurtre d'Abel par son frère Caïn ; Moïse regardant Aaron, lui montre le ciel. Il a dans sa main gauche une espèce de bâton pour marque de son autorité tandis que de la main droite il tient sa verge penchée vers la terre, et semble lui dire qu'il est dans le ciel un Dieu vengeur, et que ce crime ne restera pas impuni.

Les stalles qui sont du côté de l'Evangile ou à la gauche du chœur, représentent le Nouveau-Testament. On y trouve également vingt-quatre petites figures dont voici les noms, en commençant au bas du chœur, vers la porte qui fait face au maître autel.

1. Saint Luc, un bœuf à ses pieds, montrant du doigt son Evangile ouvert.

2. La seconde figure, que je crois être celle de saint Pierre, a été volée. Antoine de Neuville, abbé de St-Just, donna, en 1660, un monitoire contre le voleur, mais inutilement.

3. Saint Etienne en habit de diacre, portant le livre des Evangiles.

4. Saint Mathieu, avec un ange à côté de lui.

5. Saint Mathias; il semble s'entretenir avec Zébédée, qui le suit.

6. Saint Zébédée, père de saint Jacques et de saint Jean, tourné vers saint Mathias.

7. Saint Jean l'Evangéliste, un aigle à ses pieds, parcourant son Evangile qui est sur son genou.

8. Saint Marc, son Evangile dans les mains, un lion à côté de lui.

9. Saint Paul; il tient ses Epîtres de la main droite, son épée de la main gauche.

10. Saint André appuyé sur sa croix.

11. Saint Jean, tenant de la main droite une coupe d'où sort une couleuvre.

12. Saint Thomas, les Evangiles à la main, un petit sac à son côté.

13. Saint Jacques le Majeur un bâton à la main gauche.

14. Saint Jacques le Mineur; il tient son bâton de la main droite.

15. Saint Simon tenant les Evangiles de la main gauche; le bras droit est cassé.

16. Saint Thadée, un bâton dans la main droite, les Evangiles dans la main gauche.

17. Saint Barnabé, appuyé sur une espèce de support, qui peut-être sert à exprimer le pilier auquel il fut attaché pour être lapidé.

18. Saint Barthélemy, une scie à la main droite.

19. Saint Philippe, le livre des Evangiles sous le bras droit.

20. Simon le Pharisien, vêtu d'une manière distinguée, une épée à son côté.

21. Jésus enseignant dans son enfance; il a un livre ouvert à la main, dans lequel il semble montrer la preuve de ce qu'il dit.

22. Jésus voyageant dans son enfance; il tient un bâton à la main et paraît fatigué du voyage.

23. Saint Jean Chrysostôme montre le Sauveur de la main droite, et porte ses ouvrages de la gauche.

24. Saint Jude montrant le ciel d'une main et soutenant sa robe de l'autre.

On sera surpris sans doute qu'on ait ici mêlé sans ordre les figures du Sauveur, des Apôtres et des Docteurs; peut-être que les ouvriers se sont mépris en les plaçant.

Revenons aux lambris des stalles dans cette partie. Nous trouverons dans le panneau inférieur qui est le plus près de la porte du chœur, la naissance de l'enfant Jésus; il est couché sur la paille, assisté de saint Joseph et de la sainte Vierge, sa mère. Dans le panneau du milieu, c'est la nouvelle de cette naissance, donnée par un ange aux pasteurs, dont quelques-uns, éveillés en sursaut, semblent se hâter d'aller adorer le Messie. Dans celui d'en haut, la présentation de l'enfant Jésus au temple: la compagnie est nombreuse ; on y distingue Marie et Siméon qui tient entre ses bras le Sauveur du monde.

Le panneau de la partie du lambris en retour représente l'adoration des Rois.

Dans l'entrée du milieu des stalles, on remarquera à gauche le massacre des Innocents, et à droite le Sauveur encore enfant, assis au milieu des docteurs dans le temple de Jérusalem.

En suivant les stalles jusqu'à l'extrémité, on observera dans la partie du lambris en retour le baptême de Notre-Seigneur par saint Jean, sur le fleuve du Jourdain. Dans le panneau inférieur du lambris, le jugement prononcé par Jésus-Christ en faveur de la femme adultère ; ses accusateurs regardant ce que le divin Sauveur écrit sur le sable, semblent se retirer les uns après les autres.

Dans celui du milieu est le miracle de la multiplication des cinq pains et des deux poissons qui servirent à J.-C. pour nourrir cinq mille hommes. Dans le plus élevé, on voit l'entrée solennelle de J.-C. dans Jérusalem ; on y remarque un grand concours d'habitants portant des palmes ou étendant leurs manteaux sur le passage du Sauveur.

Les deux figures qui correspondent à celles d'Aaron et de Moïse, qu'on a vues de l'autre côté des stalles, sont saint Grégoire, pape, au bas du chœur, et saint Jérôme, à l'extrémité des stalles. Le premier est revêtu des marques de sa dignité ; le second est sous l'habit de cardinal, titre que lui ont donné quelques auteurs. (Les cardinaux n'étaient autrefois que les curés de Rome, et ne sont devenus maîtres de l'élection des papes qu'en 1130.) Saint Jérôme est représenté ici donnant à manger à un lion qui s'élève pour le caresser.

Les piédestaux qui portent toutes ces figures, les niches et leurs ornements, sont des ouvrages finis; mais ce qu'on n'apercevrait peut-être pas, si nous ne le faisions observer, c'est que les colonnes qui les séparent, et qui, au premier coup d'œil, paraissent absolument les mêmes, ont cependant chacune quelque caractère particulier.

Le couronnement des stalles a des beautés qu'il n'est pas possible de décrire; on y voit une suite régulière de petits ouvrages travaillés à jour avec une délicatesse dont le bois ne paraîtrait pas susceptible; des fleurons, des chiffres, des entrelacs si fins et si déliés, qu'on ne comprend pas comment ils ont pu résister au ciseau. En s'avançant sous ce couronnement, on aperçoit qu'il est soutenu par des voûtes qui imitent celles de l'église : ce sont les arcs-doubleaux, les nervures, les écussons, qui y sont exprimés en petit sur le bois. Le dessous même des siéges est orné de petites figures grotesques, dont les idées sont souvent très-plaisantes, mais que nous n'entreprendrons pas ici de décrire, parce que la plupart de ces figures de caprice sont ou bizarres ou inintelligibles.

La façade du jubé qui est au-dedans du chœur n'est pas moins remarquable que celle qu'on a déjà vue. Les ornements n'y sont pas si multipliés; mais on doit remarquer les petites statues en pierre blanche, dont les attitudes et les draperies ont des beautés; les niches, dont l'ouvrage est très-délicat; les entrelacs, dont les cordons sont d'une vérité singulière. Le long de cette partie du jubé, et au-dessus des stalles, à droite et à gauche, règne une belle galerie en pierre blanche, travaillée à claire-voie; plus haut, on en voit une autre à peu près semblable, au moyen de laquelle on fait tout le tour de l'église, à la naissance des voûtes.

CHAPITRE IV.

Description des quatre Mausolées du chœur.

En avançant du côté de l'autel, on voit trois superbes mausolées, qui sont les plus beaux morceaux de cette église. Nous avons le regret de ne pouvoir les mettre sous les yeux du lecteur par le secours du dessin; nous renvoyons aux figures qu'en a données le célèbre Guichenon dans son *Histoire de Savoie*. Le premier, placé à droite vers la petite porte du chœur, est celui de Marguerite de Bourbon, dont il a été parlé au commencement de cet ouvrage, et dont la piété fut cause de la fondation de l'église. Ce mausolée est placé dans le gros du mur, couvert d'une arcade oblongue, ornée de différents ouvrages très-délicatement travaillés. Cette arcade, surmontée d'un fronton en triangle, enveloppant les armes de la princesse, vient reposer sur deux montants faits d'une belle pierre qui ressemble à de l'albâtre très-blanc; ils s'élèvent en pyramide avec beaucoup de grâce et de légèreté, et offrent, dans toute leur étendue, mille choses dignes de curiosité. On y voit une quantité prodigieuse de moulures poussées avec toute la délicatesse possible, dont quelques-unes, se détachant du corps de l'ouvrage, s'avancent pour servir de piédestaux aux niches et aux figures qui y sont placées; les autres vont se perdre dans un assemblage d'ornements qui les terminent. Les feuillages, les chiffres, les rameaux, les marguerites, que l'on remarque soit dans les moulures

2*

de l'arcade, soit dans la base des niches, soit dans leur couronnement, sont d'une extrême délicatesse. Sur le montant qui est vers les pieds, on voit les statues de sainte Marguerite et de sainte Agnès; la première, patrone de la princesse, et la seconde, patrone de sa mère. Sur le montant qui est du côté de la tête, on voit saint André et sainte Catherine. Il y a trois beaux fleurons qui servent d'ornements aux trois angles du fronton de dessus l'arcade; le fleuron du milieu s'élève par une longue tige, presque à la hauteur des montants qui sont de chaque côté; plusieurs branches qui sortent du couvert du fronton, en allant, par différents contours, se réunir, ou à une corniche qui règne d'un montant à l'autre, ou aux montants eux-mêmes, garnissent les entre-deux et servent de soutien à une espèce de balustrade qui termine le haut de ce mausolée.

La statue de la princesse Marguerite de Bourbon est de marbre de Carrare. C'est le plus beau marbre blanc de l'Italie, et même la seule carrière de beau marbre blanc qu'il y ait en Europe. La princesse y est couchée sur une table de marbre noir, vêtue de son manteau ducal, les mains jointes, la couronne sur la tête, appuyée sur un carreau un peu enfoncé, ayant à ses pieds une levrette qui est très-belle. Elle a le visage tourné du côté de Philibert-le-Beau, son fils, dont le mausolée est au milieu du chœur, comme si elle voulait lui recommander l'exécution du vœu qu'elle n'avait pu accomplir elle-même.

Dans le fond sont placés six génies en plein relief, dont les deux qui occupent la niche du milieu tiennent une pierre d'attente pour son épitaphe (1); deux autres de

_____

(1) Ces deux génies, les plus beaux de toute l'église, n'existent

chaque côté sont appuyés sur l'écu de ses armes, et deux autres, l'un aux pieds, l'autre à la tête, tiennent les chiffres de la princesse et ceux du prince Philippe II, son époux.

Plus bas, et immédiatement au-dessous de la table de marbre noir sur laquelle repose la princesse, on trouve sur leurs piédestaux et dans leurs niches, quatre pleureuses et cinq génies. Ces pleureuses, qui n'ont qu'un pied de hauteur, ont toujours fait l'admiration des curieux. Leurs voiles très-avancés semblent faits pour dispenser le sculpteur de la perfection des figures; cependant sous ces voiles mêmes, on aperçoit les plus beaux traits et la plus grande correction; leurs yeux mouillés de pleurs, leurs attitudes, leurs vêtements, expriment très-bien leur fonction lugubre. Toutes ces statues sont portées sur une seconde table du marbre noir, qui sert de base à tout le mausolée.

Au milieu du chœur, et sur la même ligne que le tombeau de Marguerite de Bourbon, on voit celui de Philibert-le-Beau, son fils. C'est un chef-d'œuvre de l'art, et peut-être en ce genre un des plus beaux morceaux que la sculpture ait produits. Les chefs-d'œuvre de Michel-Ange n'avaient point encore paru dans le monde, l'Italie même n'a pas d'aussi beau monument dans le genre de celui-ci, et du temps où il a été fait. On a eu soin de le mettre au milieu du chœur, afin que, se trouvant isolé, on pût de toutes parts en parcourir les beautés. La table principale est de marbre noir; elle a environ dix pieds de longueur, cinq pieds et demi de largeur; elle est élevée à la hauteur

plus. Nous ferons connaître dans le chapitre supplémentaire comment ce groupe inimitable a été perdu sans retour.

de quatre pieds et demi, et porte la figure du prince, de cinq pieds onze pouces de longueur, et d'un beau marbre blanc extrêmement poli. Philibert-le-Beau y est représenté vivant, quoique couché, revêtu de son armure, ayant sur ses épaules son manteau ducal, qui s'étend jusqu'à ses pieds. Il a sur sa tête une couronne, à son cou le collier de l'Annonciade, et son épée au côté; il a la tête appuyée sur un carreau d'une riche broderie et le pied gauche sur un lion; il a les mains jointes et inclinées du côté de Marguerite de Bourbon, sa mère, en témoignage de la promesse qu'il lui fait d'accomplir le vœu dont elle l'avait chargé, en même temps qu'il tourne la tête vers Marguerite d'Autriche, son épouse, comme pour la prier d'exécuter enfin ce grand ouvrage, auquel une mort trop prompte ne lui permettait pas de mettre la main. Ces figures sont de Conrad Meyt, comme nous le dirons dans le huitième chapitre, en parlant des artistes qui ont travaillé dans cette église.

Le prince est environné de six génies de la plus grande beauté. Leur taille est d'environ deux pieds quatre pouces de hauteur, et imite parfaitement la nature : leur petit corps est si tendre, si délicat et si bien formé, leur attitude si bien variée et si naturelle, la douleur si bien exprimée dans leurs yeux et sur leurs visages, qu'on ne peut rien y désirer. Les deux génies qui sont aux pieds soutiennent une table de marbre, où sont les armes du prince; ceux qui sont placés à la tête, sont appuyés sur une autre table, destinée probablement à recevoir son épitaphe. Il est des connaisseurs qui prétendent que ces deux génies sont les plus parfaits, surtout celui que l'on voit appuyé avec grâce sur sa petite main, qui semble faiblir sous le poids de sa tête appesantie par la douleur. Celui qui est à la droite du prince tient d'une main son sceptre et de l'autre ses gantelets, et celui de la gauche a une main sur le casque, tandis que de l'autre il tient le marteau d'armes du prince.

Il n'y a que six pièces de marbres dans tout ce que je viens de décrire. Un seul bloc forme la figure du prince, le carreau sur lequel il repose, et le lion qui est à ses pieds. Un autre bloc forme les deux génies de la tête, avec les écussons qu'ils tiennent et la plinthe qui les supporte. Un troisième bloc a produit ceux des pieds; le quatrième et le cinquième font les deux génies placés aux côtés du prince, avec les ornements qu'ils ont entre les mains; enfin la table de marbre noir, qui porte tout l'assemblage, est la sixième pièce.

Douze piliers d'un beau marbre blanc soutiennent cette table de marbre noir, et sont placés sur une autre table de marbre noir qui sert de base à l'édifice. Ces piliers sont distribués de manière que les six principaux soutiennent six arcades, deux de chaque côté, une à la tête et l'autre aux pieds, tandis que les six moindres, un peu plus reculés, semblent destinés à soutenir les clefs de ces arcades. Les quatre piliers qui sont aux quatre angles du mausolée, sont à deux faces, et chargés d'une multitude d'ornements; on y voit des moulures, des pyramides, des fleurons, des bouquets, des chiffres découpés et travaillés avec cette délicatesse qui a fait dire quelquefois qu'on avait eu le secret de rendre le marbre maniable. A chacun de ces piliers il y a deux sibylles dont les piédestaux, les niches, les draperies, sont de toute beauté. Les piliers qui sont de chaque côté sur la même ligne, contiennent encore chacun une sibylle. Les six autres piliers, plus petits et moins avancés, ne sont pas tout-à-fait si chargés d'ouvrage, mais ils sont également finis. Les arcades sont aussi embellies de moulures, de fleurons et de chiffres. On y trouve souvent répétées les premières lettres des noms de Philibert et de Marguerite, évidées avec une extrême légèreté; de même que les quatre lettres F. E. R. T., que l'on voit en beaucoup d'endroits, parce qu'elles sont la devise des comtes de Savoie, comme chefs de l'ordre militaire de l'Annonciade. Les auteurs ne sont pas bien d'accord sur l'origine de cette devise. La plupart l'attribuent à Amé V, surnommé *le Grand*, à l'occasion d'une victoire mémorable qu'il remporta devant Rhodes sur Ottoman Ier, le 15 août 1310, et croient que ces quatre lettres sont les initiales de ces mots : *Fortitudo ejus Rhodum tenuit;* c'est-à-dire : Par son courage il a conquis l'île de Rhodes. Sans révoquer en doute la victoire de Rhodes, Guichenon, dans le premier volume de son *Histoire généalogique de Savoie,* croit qu'Amé V n'est pas le premier qui ait adopté cette devise, et que Thomas, second du nom, père d'Amé-le-Grand, la portait, puisqu'on la lit sur le collier d'un chien représenté sur son tombeau, dans la cathédrale d'Aoste. Guichenon parle aussi d'une médaille d'argent de Pierre de Savoie, avant même qu'il eût commencé à régner, ce qui arriva en 1263, où l'on trouve la même devise écrite en lettres gothiques (1).

(1) D'autres historiens prétendent que l'ordre de l'Annonciade fut institué en 1355 sous le nom d'ordre du *Collier,* par Amédée VI, comte de Savoie, surnommé *le Vert.* Ce fut, dit-on, à l'occasion d'une dame qui présenta à ce prince un bracelet qu'elle avait tissu de ses cheveux ; mais il paraît plus probable qu'Amédée n'eut d'autre but que de satisfaire par là sa piété envers la Sainte Vierge, ainsi que le rapportent plusieurs graves auteurs. Il créa quinze chevaliers, auxquels il donna un collier composé de cordons entrelacés avec ces quatre lettres : F. E. R. T., qui signifient : *Frappez, entrez, rompez tout.* Il ordonna

Dans l'espace que ces piliers environnent, on voit, comme dans un tombeau, la figure du prince mort, étendu sur un suaire. On reconnaît bien à sa taille et à ses traits, que c'est la figure du prince que l'on a considéré au-dessus comme vivant; mais on connaît aussi à ses yeux éteints, à sa bouche livide, à sa poitrine élevée, à ses bras abattus, à ses mains à demi-ouvertes, à ses pieds un peu engorgés, que c'est un corps inanimé. On ne peut l'envisager sans une espèce d'effroi; l'obscurité, causée par la multiplicité des piliers qui l'environnent, en rendant ce tombeau plus triste, y répand encore mieux l'image de la mort. La nature elle-même, en fournissant à l'habileté du sculpteur un marbre pâle et veiné, a contribué à le rendre plus ressemblant à un cadavre; car, outre la pâleur générale,

par son testament la fondation de la chartreuse de Pierre-Châtel, près de Belley, et voulut qu'il y eût toujours quinze religieux dans cette maison, pour y dire chaque jour la messe en l'honneur de quinze mystères de la Sainte Vierge, et pour le salut des quinze chevaliers de son ordre. Bonne de Bourbon, veuve du comte, exécuta cette pieuse fondation, et établit les chartreux à Pierre-Châtel, en 1392. Les chevaliers y tinrent quelques temps après une assemblée générale.

Amédée VIII dressa les statuts de l'ordre, et ordonna que les comtes de Savoie (aujourd'hui rois de Sardaigne) en seraient les grands maîtres à perpétuité. Chaque chevalier devait donner à l'église de Pierre-Châtel tous les ornements sacerdotaux pour célébrer la messe, et laisser en mourant cent florins pour l'entretien de la même église.

Charles III, duc de Savoie, fit de nouveaux statuts pour cet ordre en 1518, et voulut qu'il fût dorénavant nommé l'*ordre de l'Annonciade*, en l'honneur de la Sainte Vierge. Il ajouta au collier des chevaliers quinze roses d'or, émaillées de rouge et de blanc, et une médaille représentant le mystère de l'Annonciation.

(Guichenon, *Histoire de Savoie;* Héliot, *Hist. des ordres monast.;* Moréri, *Dictionn. hist.*)

on aperçoit dans quelques-unes de ses parties, des endroits noirs et obscurs. Cette figure est admirée de tous les connaisseurs ; il n'en est point qui ne conviennent qu'elle est formée dans les plus exactes proportions, et qui ne la regardent comme le morceau le plus précieux de toute l'église. Elle est aussi de Conrard Meyt.

Le troisième mausolée est celui de Marguerite d'Autriche ; il est à la porte gauche du chœur, du côté de l'évangile. Il est porté par quatre colonnes : celles de la tête sont adossées au pilier qui soutient la première arcade du chœur ; toutes sont ornées d'une multitude prodigieuse d'ouvrages, dans lesquels il règne cependant beaucoup de régularité et de justesse. Ce mausolée est à peu près sur le même plan que celui de Marguerite de Bourbon ; mais il le surpasse en beauté, moins par le nombre d'ornements qu'il offre à la curiosité, que par leur proportion et leur délicatesse. Il a d'ailleurs un avantage, c'est qu'il présente trois faces, et qu'on peut le considérer de droite, de gauche et par les pieds. Les deux côtés ne diffèrent entre eux que par la différence des statues qui sont placées sur les colonnes. Dans la façade qui regarde le chœur, on voit sur deux piliers terminés en pyramide, comme au tombeau de Marguerite de Bourbon, mais avec beaucoup plus de légèreté et d'ornements, une arcade fort élégante ; on y admire la délicatesse des feuillages, des chiffres et des fleurs qui la décorent. Au milieu du fronton qui la couronne, on aperçoit les armes de la princesse, soutenues par deux anges, et ornées de fleurons si recherchés et travaillés avec tant d'art, qu'ils surpassent encore ceux qu'on avait vus dans l'autre mausolée. Vers le milieu de la tige du fronton, paraît une corniche soutenue par plusieurs rameaux différemment contournés, destinés à remplir la partie supérieure de l'arcade; on y voit ces quatre mots : *Fortune infortune fort une*, dont nous rapporterons bientôt l'explication. Une galerie à claire-voie, surmontée de plusieurs fleurons, règne tout le long de la corniche.

Les colonnes qui portent ce bel ouvrage sont chargées d'ornements, de rinceaux, de chiffres, de fleurs, et principalement de marguerites; on voit celles-ci sur les moulures, les piédestaux des niches, et sur leurs couronnements. De petites pyramides semblent naître de la principale colonne, pour couronner avec plus de grâce toutes les niches, où l'on voit plusieurs figures très-bien drapées (1). Les deux statues qui sont placées sur la colonne du côté de la tête, représentent sainte Marguerite et sainte Agathe; la première foulant aux pieds son amant, qui fut depuis son tyran; la seconde tenant d'une main la palme du martyre, et de l'autre les tenailles avec lesquelles on lui arracha les mamelles. Sur la colonne droite, vers les pieds, il y a trois figures : la première est sainte Madeleine, présentant une boîte de parfums; la seconde est saint Pierre, les clefs du paradis qu'il tenait entre ses mains ont été brisées; la troisième est sainte Barbe.

Ce mausolée contient aussi une double représentation de la princesse, dans le même goût que celle du mausolée de Philibert-le-Beau. Ces figures sont d'un beau marbre blanc, de grandeur naturelle, couchées sur deux tables

(1) Ces statues ont éprouvé le même sort que celles des stalles et des autres mausolées; la plupart ont été mutilées ou considérablement endommagées. Ce qui en reste encore fait vivement regretter la perte de ces petits chefs-d'œuvre.

de marbre noir, élevées l'une au-dessus de l'autre d'environ
quatre pieds, au moyen de deux petites arcades destinées
à porter la table supérieure. Sur celles-ci l'on voit
Marguerite d'Autriche représentée comme vivante, dans
ses habits de cérémonie, coiffée à l'antique, avec la
couronne impériale, et la tête sur un carreau très-bien
travaillé ; ses mains sont croisées sur la poitrine. On voit
avec plaisir la beauté de ses traits, de ses mains, et la
richesse de la draperie qui la couvre. Dans une niche qui
est au-dessus de sa tête, sont placés deux génies tenant
l'écu de ses armes ; elle a une levrette à ses pieds. Cette
figure fut placée en 1532, comme on le voit par le nombre
gravé sur la bordure du manteau.

La seconde figure qu'on aperçoit au-dessous de celle
que nous venons de décrire, est d'un albâtre très-fin et
très-poli, mais pâle et livide, et représente Marguerite
d'Autriche après sa mort. On y reconnaît ses traits ; mais
le visage, qui plus haut inspire le respect et la vénération,
ne fait naître ici que des sentiments de douleur et
d'attendrissement. On la voit la tête nue ; ses cheveux épars
descendent en boucles irrégulières jusqu'à la ceinture ;
elle a les pieds découverts, et le corps modestement
enveloppé d'une longue robe dont les plis sont jetés avec
autant de naturel que de vérité. Cette répétition de figures
est une profusion de travail, qui a donné lieu au sculpteur
de déployer plusieurs genres d'expression et d'attitude ;
et l'on voit que dans toute cette église on n'a cherché qu'à
multiplier les ornements et le travail, pour satisfaire la
magnificence de Marguerite d'Autriche.

La face du mausolée qui est du côté des pieds de la
princesse, et que nous avons quittée pour examiner les
deux figures, est semblable à la précédente ; mais elle est

beaucoup plus étroite, et le fronton qui s'élève au-dessus
de l'arcade contient une renommée au lieu des armes de
la princesse. Cette façade est ornée aussi de moulures,
de pyramides, de niches et de statues. La première figure
est celle de sainte Barbe, dont nous avons parlé, ayant à
côté d'elle la tour dans laquelle elle fut renfermée. La
seconde figure placée de l'autre côté de l'arcade, et la
sixième du mausolée, représente saint Nicolas de Tolentin,
portant un fanal de la main droite, et un livre de la
gauche. La septième, que l'on voit dans l'angle de cette
colonne, est saint Jean-Baptiste, vêtu d'une peau, et
tenant un agneau sous son bras. La huitième que l'on
trouve sur cette même colonne, en tournant vers la
troisième face du mausolée, est une sainte martyre dont
on ignore le nom. La neuvième, sur la dernière colonne
du côté de la tête, est encore sainte Marguerite, tenant
un dragon sous ses pieds. Enfin, la dixième et dernière
figure est une sibylle, que l'on a placée parmi ces saints
et ces saintes, à l'imitation de plusieurs grands maîtres de
l'Italie et de plusieurs docteurs de l'Eglise, qui les ont
considérées comme de vertueuses prophétesses. D'ailleurs,
la continence de ces chastes filles peut être regardée
comme le symbole de celle d'une veuve de vingt-quatre
ans, qui passa sa vie dans le veuvage, comme nous l'avons
dit de cette princesse. Les deux génies placés aux pieds
de Marguerite d'Autriche, méritent aussi d'être observés ;
ils sont si bien formés si bien pris dans leur petite taille ;
on voit sur leur visage enfantin tant de grâce et de délicatesse, leur petite bouche entr'ouverte laisse apercevoir
de si jolies dents, leurs yeux peignent si bien la douleur,
qu'on les préfère encore à ceux des autres mausolées. On
voit dans leurs yeux le noir de la prunelle, soit qu'on ait

su profiter des taches qui se trouvaient dans le marbre, comme on le dit communément, soit qu'on ait employé une couleur qui pénètre le marbre, ainsi que M. le comte de Caylus à Paris, M. le prince de San-Savero à Naples, et d'autres physiciens de nos jours ont su le pratiquer. (Voyez les expériences de M. du Fay à ce sujet, dans les mémoires de l'Académie des Sciences pour 1732.)

Nous n'oublierons pas de faire observer la cicatrice qui paraît au pied gauche de la princesse. Il est aisé de juger que cette plaie n'a pas été faite sans dessein; on croit que l'artiste a voulu rappeler le funeste accident qui causa, suivant quelques auteurs, la mort de Marguerite d'Autriche. Voici comment quelques manuscrits, conservés dans nos archives, rapportent ce triste événement : Marguerite d'Autriche, après avoir passé plusieurs années en Flandre, dont elle était gouvernante, et terminé les affaires qui l'y avaient appelée, reprit le chemin de Brou, qu'elle n'avait quitté qu'à regret. Elle n'ignorait pas que les ordres qu'elle avait laissés pour la construction de la belle église qu'elle y faisait bâtir, étaient fidèlement exécutés : on avait soin de l'en informer souvent; mais elle voulait par sa présence animer le zèle des ouvriers, et en accélérer les progrès. Elle partit d'Anvers dans ce dessein. Arrivée à Malines, où elle employa quelques jours à donner les ordres nécessaires pour la tranquillité générale, elle fixa son départ pour Brou au 15 novembre 1530. Ce jour-là même, avant de se lever, se sentant quelqu'indisposition, elle demanda de l'eau; une de ses demoiselles, Madeleine de Rochester, prit un vase de cristal et le lui présenta : en le reprenant des mains de la princesse, le gobelet tomba, il se brisa en mille pièces, et il en sauta un éclat dans la mule de la princesse. Sortant du lit quelques moments après, elle mit le pied dans sa mule, et se sentit blessée; cependant elle ne laissa pas de faire encore quelques pas. Bientôt arrêtée par la douleur, elle fit visiter son pied; on en arracha le fragment de verre qui paraissait; mais la blessure eut bientôt des suites fâcheuses; la gangrène s'y mit, en sorte que dès le huitième jour après l'accident, il fut décidé qu'on ne pouvait la guérir qu'en lui coupant le pied. M. de Montécut, son aumônier et son confesseur, qui connaissait sa fermeté, ne craignit pas de lui en porter la nouvelle. La princesse se résolut avec courage à cette opération douloureuse; elle voulut auparavant recevoir les sacrements de l'Eglise, ce qu'elle fit le 27 avec la piété la plus édifiante. Le 28 et le 29 novembre elle mit ordre à ses affaires temporelles; et le 30 du même mois, jour destiné pour l'opération, les médecins ayant voulu lui en épargner la douleur par une prise d'opium, l'effet en fut si considérable, qu'elle s'endormit pour toujours.

Ce récit, que plusieurs circonstances, et spécialement la piqûre que l'on voit au pied gauche de la princesse, autorisent, n'est cependant pas absolument certain. On ne le trouve dans aucun auteur imprimé, et Corneille Agrippa n'en dit pas un mot dans l'oraison funèbre qu'il prononça à Malines, peu de temps après la mort de Marguerite d'Autriche. Malgré le respect que j'ai pour une tradition qui n'est pas formellement démentie, je serais tenté de la rejeter. Après tout, l'ouverture qui paraît au pied de la princesse, et que l'on prend pour une piqûre, n'est peut-être qu'un défaut de l'albâtre, ou elle peut avoir été faite d'après la tradition que je viens de rapporter (1).

(1) Il est facile de deviner la cause du silence des historiens sur la

Quoi qu'il en soit de la cause de cette mort, il est incontestable qu'elle arriva à Malines le 30 novembre 1530. Cette illustre princesse, si digne d'une plus longue vie, n'était alors que dans sa cinquante-unième année. On voit son éloge dans plusieurs écrivains, comme Henri-Corneille Agrippa, son historiographe, dont je viens de parler; F. Antoine du Saix, de la maison de Rivoire en Bresse, aumônier de Charles, duc de Savoie, et commandeur de Saint-Antoine de Bourg, prononça à Brou son oraison funèbre en latin et en français; Jean Le Maire, de Bruges, composa la couronne margaritique à sa louange; Guillaume Rouille, et Abram Brovius, polonais, en ont parlé avec éloge; le P. Hilarion de Coste, connu par plusieurs ouvrages de piété, a fait aussi un grand éloge de cette princesse. Tous, de concert, la représentent comme une des princesses les plus accomplies de son siècle. Ils célèbrent tous sa modestie, sa douceur, sa pénétration et sa

mort de Marguerite. Les médecins étaient trop intéressés à dissimuler un événement qui ne leur faisait pas honneur; et ils auront sans doute mis tout en usage pour en dérober, dans le temps, la connaissance au public. Mais la tradition constante qui atteste ce fait, jointe aux monuments que nous avons sous les yeux, ne peut laisser là-dessus aucun doute. Il ne faut qu'examiner avec un peu d'attention la cicatrice marquée au pied de la princesse, pour se convaincre que ce n'est point un défaut du marbre, mais qu'elle a été tracée à dessein. D'ailleurs, la jambe gauche, où se trouve la blessure dans la statue inférieure, manque à la statue placée sur la table de marbre, où Marguerite est représentée avec une seule jambe, comme si elle venait de subir l'amputation. Il est donc évident que le dessein du sculpteur a été de conserver la mémoire d'un si triste événement. Or, comment supposer qu'il eût voulu constater un fait de cette nature dans deux monuments érigés moins de deux ans après la mort de la princesse, si l'opinion générale et la notoriété publique ne l'avaient autorisé.

prudence dans les affaires. Ce fut elle qui fut chargée de conclure avec le cardinal d'Amboise, le 10 décembre 1508, la fameuse ligue de Cambrai, où tous les princes de l'Europe se liguèrent contre les Vénitiens, qui furent, l'année suivante, réduits aux dernières extrémités. Le traité de paix de Cambrai, conclu en 1529, fut aussi son ouvrage et celui de Louise de Savoie, sa belle-sœur et mère du roi François Ier (1). Marguerite d'Autriche se distingua par sa continence dans le veuvage. Agée seulement de vingt-quatre ans après la mort du duc Philibert, son époux, elle se refusa aux recherches de Ladislas, roi de Hongrie, et du roi d'Angleterre; enfin, on a des exemples de sa fermeté dans les dangers et de sa constance au milieu des plus rudes épreuves. Ses malheurs lui firent choisir cette devise que l'on voit sur son tombeau et en bien d'autres endroits de son église :

FORTUNE INFORTUNE FORT UNE.

Cette devise a été diversement expliquée par les auteurs : il en est qui, n'en faisant que trois mots, l'expliquent par les alternatives de bonheur, de malheur et de bonheur qu'elle éprouva; mais il est plus naturel de croire qu'elle ne voulait que se plaindre de ses malheurs : pour cela, il suffit de comparer l'éclat de sa naissance avec les disgrâces qu'elle éprouva. Fille d'empereur, souveraine de plusieurs grands états, fiancée à Charles VIII, mariée à Jean de Castille, puis à Philibert-le-Beau, elle est répudiée par le premier, et perd les deux autres à la fleur de son âge : n'avait-elle pas raison de dire que la *fortune rend souvent*

(1) Cette paix fut appelée *la Paix des Dames.*

très-malheureuse la personne qui semble avoir le plus de droit à ses faveurs ? Voilà la seule manière d'expliquer sa devise (1) ; d'ailleurs, le mot *fort* paraît séparé du mot *une* par un espace, partout où il est en relief et à jour, ou par un point lorsqu'il est en bas-relief ou en peinture.

Marguerite d'Autriche signala son zèle pour la religion.

(1) C'est le sens que donnent à cette devise Corneille-Agrippa, dans l'oraison funèbre de la princesse ; Guichenon, dans l'*Histoire de Bresse*, et plusieurs autres historiens qui prennent le mot *infortune* pour un verbe qui signifiait anciennement *rendre malheureux*, et traduisent ainsi ces quatre mots en latin : *Fortuna infortunat valdè unam personam*.

Quelques anciens manuscrits donnent une autre explication qui paraît fort plausible, et qui est adoptée par M. Riboud.

Fortune, d'être née au sein des grandeurs et de l'opulence ; *infortune*, d'avoir éprouvé tant de revers dans tout le cours de sa vie.

Fortune, d'avoir été destinée à régner en France ; *infortune*, d'avoir été répudiée par Charles VIII, qui lui préféra sa rivale.

Fortune, d'avoir épousé le fils du roi d'Aragon ; *infortune*, de l'avoir perdu par une mort prématurée, ainsi qu'un fils né de ce mariage.

Fortune, en épousant le duc Philibert ; *infortune*, par là mort de ce prince au printemps de son âge.

Fort, adverbe qui signifie *très*, *beaucoup*.

Une, chose *unique*, *rare*, *extraordinaire*, qui n'est arrivée qu'à elle. Ainsi l'on peut traduire cette devise par *bonheur*, *malheur*, *très-unique;* parce qu'en effet il est peu d'exemples d'un tel mélange de biens et de maux, de prospérités et d'adversités, dans une même personne.

La piété de notre auguste princesse a donné lieu à une troisième explication de sa devise, comme si elle avait voulu dire que l'expérience qu'elle avait faite de ce que le monde appelle *fortune* et *infortune* lui faisait juger que *fort*, c'est-à-dire *réellement*, *entièrement la même chose*. Sentiment digne de cette véritable femme forte, qui, soutenue par les grands principes de religion dont elle était profondément pénétrée, ne se laissa jamais abattre par aucun revers.

On la vit s'opposer avec une fermeté chrétienne à l'hérésie de Luther, et l'arrêter dans ses progrès. Le monument qui nous occupe prouve assez sa piété, et ce n'est pas le seul établissement qu'elle fit, puisqu'elle fut encore la fondatrice du couvent de l'Annonciade de Bruges, aussi bien que de celui de Brou. L'on ne peut rien voir de plus édifiant que le titre de cette dernière fondation : on y voit les sentiments religieux et chrétiens de cette princesse, son zèle pour le culte divin, sa tendresse pour Philibert-le-Beau, son époux. Rien de plus sage que les précautions qu'elle y prend pour assurer cette fondation et la défendre contre tous les événements; rien de plus vif que son impatience pour la consommation du superbe édifice. Elle veut que, dans le cas où elle viendrait à être surprise par la mort avant sa perfection, il soit prélevé sur tous ses biens les sommes nécessaires pour le conduire à sa fin : elle avait déjà déclaré que telles étaient ses volontés, par son testament du 20 janvier 1508; et comme si toutes ces précautions n'eussent pas suffi à son zèle, elle en charge encore Charles-Quint, son neveu et son héritier, par son codicile du 28 novembre 1530 (1).

(1) Malgré toutes ces précautions, les intentions de la pieuse fondatrice ne furent remplies qu'imparfaitement. Charles-Quint, absorbé par d'autres soins et par des intérêts plus immédiats, mit peu de zèle à terminer un ouvrage qui aurait encore exigé de grandes dépenses.

Guichenon et d'autres historiens rapportent un fait qui montre jusqu'à quel point il porta la parcimonie. Marguerite avait fait exécuter un très-beau et très-riche tableau pour orner le maître-autel; après la mort de la princesse, les religieux de Brou députèrent quelques-uns d'entr'eux en Espagne, pour demander à l'empereur le chef-d'œuvre destiné à leur église. Mais ce prince le leur refusa absolument et leur en fit donner un autre d'un mérite bien inférieur, au bas duquel il exigea

Sa générosité dans le partage de ses bienfaits ne se borna point à ses enfants (c'est ainsi qu'elle appelait les religieux en faveur desquels elle avait fait sa fondation); elle voulut que les indigents éprouvassent à sa mort les effets de la tendresse qu'elle avait eue pour eux pendant sa vie : elle ordonna une distribution de 1,200 livres d'aumônes en leur faveur. Elle légua à cent jeunes filles, que l'on choisirait dans la Bresse et dans le comté de Bourgogne, cinquante livres chacune pour les marier (cela vaudrait plus de trois cents livres actuellement). MM. les chanoines du chapitre de Bourg, les PP. Cordeliers, les PP. de Saint-Dominique et MM. de Saint-Antoine, ne furent pas oubliés; elle fonda à perpétuité quatre anniversaires, qui seraient célébrés dans l'église de Brou, en quatre temps de l'année, par chacun de ces respectables corps.

Après plusieurs autres dispositions également sages et chrétiennes, Marguerite voulut aussi régler sa sépulture. Elle se partagea entre son époux, sa mère et sa patrie : elle donna son corps au premier, comme un dépôt qui lui appartenait, et voulut être enterrée auprès de lui dans l'église de Brou, en témoignage de son amour conjugal, dit Corneille Agrippa dans son oraison funèbre : *Hoc amoris officium marito.* Elle disposa de son cœur en faveur de la seconde, et demanda qu'il fût porté aux Annonciades de Bruges, où Marie de Bourgogne, sa mère, avait été

que l'on mit l'inscription qui s'y voit encore. Il fit même vendre de belles tapisseries de soie et des livres de vélin qu'elle avait fait faire à Anvers pour enrichir l'église et la bibliothèque du couvent, et il en envoya le prix à Brou, pour être employé à l'achèvement de l'édifice. (*Mémoires sur Brou,* par le P. Nizier de Sainte-Blandine, augustin.)

inhumée ; le sang et la nature l'exigeaient ainsi, dit le même auteur : *Illud sanguinis et naturæ necessitate parenti.* Enfin elle laissa ses entrailles à sa patrie ; il était juste, ajoute Corneille Agrippa, que Malines, où elle avait pris naissance, eût part à ses dépouilles, et reçut ce gage de sa bienveillance : *Hæc benevolentiæ vinculis patriæ debebantur.*

Les intentions de cette vertueuse princesse furent exécutées. Je ne dirai rien de ce qui se passa dans cette occasion à Bruges et à Malines ; les mémoires que j'ai entre les mains n'en parlent pas ; on sait seulement que son corps fut accompagné à quelque distance de Malines, par deux cents pauvres habillés à ses frais, dont chacun portait une torche de cire de trois livres, ainsi qu'elle l'avait demandé par son testament. Un semblable cortège attendait à Bourg le corps de Marguerite d'Autriche, et ne le quitta point pendant les trois jours que durèrent les obsèques.

La cérémonie s'en fit dans l'église de Brou avec un appareil et une magnificence dignes de l'illustre princesse qui en était l'objet. Le maréchal de Bourgogne, le comte de Lalain et l'archidiacre de Fauvernay, qui y assistèrent en qualité de députés de Charles-Quint, relevèrent par leur présence l'éclat de cette pompe funèbre ; mais les regrets des peuples qui y accoururent de toutes parts, en rendirent encore le spectacle plus touchant. Nos manuscrits fixent l'époque de cette cérémonie au 13 juin 1531 ; Guichenon la place au même mois, à la vérité, mais à l'année suivante 1532 (1). Il y a apparence que nos

(1) Cette date est celle de l'achèvement du mausolée : on la voit sur le bord du manteau de Marguerite. Guichenon l'a prise pour la date des funérailles. (Les registres de la ville de Bourg constatent, en effet, que ces funérailles eurent lieu en 1532).

manuscrits sont exacts pour la date de l'année, car, comment imaginer que le corps de la princesse ait été gardé pendant plus de dix-huit mois sans être enterré, à moins qu'on ne dise que les funérailles ont été retardées jusqu'au temps où la statue de la princesse a été placée sur son mausolée? Dans ce cas, si l'on en croit la date que l'on voit sur la bordure de son manteau, et qui n'y a été gravée sans doute que pour marquer l'année de cet établissement, Guichenon a raison, puisqu'on y trouve 1532. Nous n'avons pu nous refuser à cette digression : c'est un tribut que nous devions à la mémoire de notre incomparable bienfaitrice.

Au-delà des mausolées, on voit le grand autel élevé un peu en avant du rond-point; il ne répond pas à la magnificence de l'église. Marguerite n'existait plus lorsqu'il fut construit : c'est Charles V, son neveu et son héritier, qui l'a fait élever, et qui n'avait pas fort à cœur un ouvrage aussi éloigné de lui. Tout ce qu'on y voit de curieux, c'est une fort belle pierre de 14 pieds de longueur et de 7 de largeur, sur laquelle le tabernacle repose (1). Les tableaux de saint Nicolas de Tolentin, de saint Augustin et de sainte Monique, qui en font l'ornement, sont d'assez bonnes pièces; on trouve au bas de celui du milieu, cette inscription :

Divus Carolus Quintus imperator invictissimus, hœres

_____

(1) Le tabernacle, le rétable et tous les ornements du maître-autel avaient été enlevés ou brisés pendant la révolution, et il ne restait plus, dans ces derniers temps, que la pierre nue. C'est ce qui a donné l'idée d'ériger un nouvel autel qui fût plus en harmonie avec l'architecture de l'église, et de transporter dans la chapelle de Gorrevod la grande pierre avec les débris des tableaux et de la boiserie qu'on a pu recueillir.

Serenissimæ D. Margaritæ Austriæ, Ducissæ Sabaudiæ,
comitissæ Burgundiæ, ex legato ejusdem in hâc ecclesiâ,
quam suæ sepulturæ elegit, ab eâ fundatâ, hanc tabulam,
ornamentum altaris majoris, procurante illustrissimo ac
reverendissimo Antonio Perrenot S. R. E. cardinale Grand-
vellano prorege Neapolitano, erigendam curavit 1574.

« Charles-Quint, très-invincible empereur, héritier de
« la sérénissime dame Marguerite d'Autriche, duchesse
« de Savoie et comtesse de Bourgogne, a fait placer, en
« 1574, ce tableau sur le maître-autel de cette église,
« qu'elle a fondée et choisie pour le lieu de sa sépulture,
« par les soins de l'illustrissime et révérendissime Antoine
« Perrenot, cardinal de Granvelle, vice-roi de Naples (1). »

(1) On aime à voir des noms aussi célèbres figurer dans l'histoire de
notre belle église. Charles-Quint est assez connu pour nous dispenser
d'en parler ici; mais on ne lira peut-être pas sans intérêt une courte
notice sur le cardinal de Granvelle, son chancelier, un des hommes les
plus illustres du seizième siècle. Antoine Perrenot, plus connu sous le
nom de cardinal de Granvelle, naquit à Besançon en 1517; il fut successivement évêque d'Arras, archevêque de Malines, puis de Besançon,
et fut décoré de la pourpre romaine en 1561. Il assista au concile de
Trente, et fut employé par Philippe II et par Charles-Quint dans
plusieurs négociations importantes, dont il s'acquitta avec autant de
facilité que d'honneur. Philippe le fit vice-roi de Naples et lui confia,
quelques années après, la régence d'Espagne. Grandvelle se conduisit
toujours dans ces divers emplois avec beaucoup de sagesse et de
discernement. C'était un homme d'un grand sens, d'un esprit aussi
pénétrant que solide, qui avait des vues sûres et étendues, autant de
fermeté que de prudence. Bon par tempérament et par principe, il fut
sévère par zèle pour l'ordre et la justice, et se montra toujours sincè-
rement attaché à la religion et à son roi. Il fut l'ami et le protecteur
des lettres qu'il cultivait lui-même avec succès. Il savait parfaitement

CHAPITRE V.

Des chapelles de la princesse, et de la maison de Gorrevod.

En quittant le mausolée de Marguerite d'Autriche, on trouve la magnifique chapelle de cette princesse. Elle est sous le vocable de l'assomption de la Sainte Vierge. On voit sur l'autel un bel édifice ou sorte de grand tabernacle fait d'une belle pierre, qui est une espèce d'albâtre. Cet ouvrage a 17 pieds de hauteur sur 12 de large; il est ouvert dans le milieu, et distribué sur ses côtés en six petites niches ou cellules qui forment trois étages sur la droite, et autant sur la gauche. Chacune de ces niches renferme en plein relief un mystère de la Vierge. Dans la plus basse, du côté de l'évangile, on aperçoit l'ange Gabriel qui vient annoncer à Marie l'incarnation du Verbe. La figure de l'ange est mutilée, mais celle de la Vierge plaît à tous les curieux; ils admirent surtout la beauté de la draperie, l'air gracieux dont elle tient son livre, appuyée sur un prie-dieu devant lequel elle est à genoux. Dans l'enfoncement paraît un petit lit dont les ornements, et la couverture en particulier, méritent d'être remarqués. Du côté de l'épître est le mystère de la Visitation; les figures de Marie, de sainte Elisabeth et de

sept langues, et dictait à cinq secrétaires à la fois, sur autant de matières et en autant de langues différentes. Ce grand homme mourut à Madrid en 1586, et son corps fut transporté à Besançon.

saint Joseph, que l'on y voit, sont très-expressives : on lit sur le visage de sainte Elisabeth et dans toute sa personne, son âge, son empressement et sa joie. Au-dessus de l'Annonciation, on a placé la Naissance du Sauveur : l'attitude de la Sainte Vierge sa mère, celle des bergers, et celle surtout de celui que l'on voit le premier, portant une musette sur son bras, sont très-naturelles. De l'autre côté est l'Adoration des Rois. Dans la niche la plus élevée du côté de l'évangile, c'est l'apparition de notre Sauveur à sa mère après sa résurrection. Il est quelques personnes qui veulent que ce soit une visite rendue par saint Joseph à Marie, après qu'il eut été instruit de sa conception miraculeuse; mais elles ne font pas attention à l'ordre des mystères. Enfin, dans la dernière, c'est la descente du Saint-Esprit sur la Sainte Vierge, les Apôtres et les Disciples assemblés dans le cénacle. Toutes les figures que l'on voit ici sont représentées avec une langue de feu sur leur tête, et tous paraissent dans le saint enthousiasme où ils devaient se trouver.

Dans l'ouverture du milieu, formée en espèce de niche, on voit l'Assomption de la Vierge; elle paraît montant au ciel, les mains jointes, les pieds sur un croissant, et environnée d'une multitude prodigieuse d'anges qui, par leur disposition autant que par la légèreté avec laquelle ils sont suspendus, font un coup-d'œil intéressant. Plus bas on aperçoit, auprès du tombeau qui est entr'ouvert, la figure d'un saint et d'une sainte à genoux. Au haut de la niche, paraît dans un nuage le Père Eternel, qui attend Marie pour la couronner. L'édifice est surmonté de trois grandes figures de marbre blanc: celle du milieu représente la Sainte Vierge portant l'Enfant Jésus sur son bras; à sa droite est sainte Marguerite, patronne de notre auguste princesse ; et à sa gauche, sainte Madelaine ayant à sa main un vase de parfums.

On remarque encore aux deux angles de la chapelle, du côté de l'autel, deux grandes figures d'albâtre, l'une de saint André, et l'autre de saint Philippe. J'ai lu dans la plupart de nos anciens manuscrits, que c'étaient les portraits d'André Colomban et de Philippe de Chartres, que l'on suppose avoir été les principaux architectes de ce superbe édifice ; mais il n'y a pas de preuve bien convaincante. Au reste ces figures sont regardées comme de très-bons morceaux de sculpture ; mais les niches où elles reposent sont remarquables par la beauté de leurs ornements. On admire surtout la délicatesse avec laquelle la devise de la princesse est travaillée sous le piedestal de saint André, et la légèreté d'une petite chèvre qui est taillée avec beaucoup d'art sur un pilier au coin de la chapelle du côté de l'épître, c'est-à-dire à la droite de l'autel.

La chapelle est revêtue, dans sa longueur, de marbre blanc en forme de stalles ; les panneaux sont alternativement chargés des armes de la princesse, et des lettres P. M., liées par des lacs d'amour ; et les siéges sont de marbre noir. Cette chapelle était pavée de carreaux vernis d'une espèce d'émail, ainsi que le chœur et le sanctuaire. On en trouve encore quelques vestiges dans les endroits que la chaussure grossière des habitants du pays n'a pas frottés si souvent, comme dans les angles et sous le banc qui est au fond de la chapelle.

En face de l'autel, on voit une arcade en biais dans le gros de mur qui sépare cette chapelle de l'oratoire de Marguerite d'Autriche : c'est une espèce de voussoirs très-singuliers, où la coupe des pierres est admirée par tous les connaisseurs. Ce n'était point une bizarrerie de caprice : on l'a fait ainsi pour que la princesse pût, du même lieu, entendre la messe au grand autel ou à celui de sa chapelle. Cet oratoire et un autre à peu près semblable, que l'on voit au-dessus, n'ont rien de particulier que l'arcade oblique dont je viens de parler, et une cheminée que l'on y trouve.

La chapelle des ducs de Pont-de-Vaux, qui est après celle de la Vierge, a pour fondateur Laurent de Gorrevod, célèbre par sa naissance, sa valeur et ses emplois. Il fut d'abord gouverneur de l'empereur Charles-Quint, ensuite son chambellan, puis son député dans la fameuse conférence de Tolède, tenue à l'occasion de la délivrance de François Ier. On le vit en même temps grand-maître d'Espagne, chevalier de la Toison-d'Or, maréchal du comté de Bourgogne, gouverneur de la Bresse, grand-écuyer de Savoie, prince du Saint-Empire, duc de Nole en Sicile, premier comte de la terre de Pont-de-Vaux, érigée depuis en duché par Louis XIII l'an 1623. Marguerite d'Autriche le distinguait singulièrement : elle lui confia l'exécution du testament qu'elle fit en 1508; il était le confident de ses affaires les plus importantes, et il fut le chef du conseil qu'elle établit pour la construction de la maison et de l'église de Brou.

L'acte de fondation de la chapelle de Gorrevod fut fait du consentement de la princesse, le 28 avril 1520. Laurent de Gorrevod, par ce même acte, choisit sa sépulture pour lui et ses successeurs dans cette chapelle; et après sa mort arrivée à Barcelonne, son corps y fut apporté. C'est aussi la sépulture de Jean de Gorrevod, son cousin et son héritier; de Laurent de Gorrevod, l'un de ses parents, mort au siége de Genève; de Philiberte de la Palud, sa

3*

première femme, et de Claudine de Rivoire, qu'il épousa
en secondes noces : c'est cette dernière qui a fait élever
le mausolée de Brou. On y voit la figure de Laurent de
Gorrevod, en bronze, plus grande que nature, étendue
sur une table de marbre noir, ayant à sa droite sa première
femme avec une petite fille qu'il en avait eue ; et à sa
gauche, sa seconde femme : celles-ci ont chacune un lion
à leurs pieds, et le comte une levrette. Aux quatre angles
du mausolée, on voit quatre génies, dont les ailes ont été
volées. Contre le pilier où le mausolée est adossé, on a
suspendu l'écu des armes de la maison de Gorrevod,
d'azur au chevron d'or, ayant pour supports deux lions
d'or et une licorne d'argent pour cimier. Plus haut on
aperçoit un casque et un sabre. Toutes ces pièces, aussi
bien que les figures et les génies, sont de bronze et
très-bien jetées (1).

Le mur au-dessus du vitrage est revêtu à-peu-près
comme celui de la chapelle de Marguerite d'Autriche,
avec cette différence cependant que les ornements ne sont
qu'en pierre blanche, et qu'ils sont relatifs au nom et à la
maison de Gorrevod.

---

(1) Ce beau mausolée, d'autant plus remarquable que c'était le seul
ouvrage d'airain qu'il y eût dans l'église, a été enlevé pendant la
révolution et converti en canons.

CHAPITRE VI.

Des vitraux de l'église.

Après avoir décrit l'architecture et les sculptures renfermées dans la belle église de Brou, nous ne pouvons nous dispenser de parler du vitrage. La beauté des peintures, la vivacité des couleurs, la majesté et la correction du dessin qu'on y voit, et les sujets qu'il représente, méritent à tous égards que nous nous en occupions quelques moments.

Nous commencerons par les vitraux qui sont dans la chapelle de Gorrevod, que nous venons de décrire. On y voit J.-C. apparaissant à saint Thomas après sa résurrection : le Sauveur tient la main de cet apôtre, et la présente à la plaie de son côté pour punir son incrédulité. On croit voir sur le visage de J.-C. un air de douceur et de bonté, et sur celui de saint Thomas un mélange de confusion et de confiance qui prouve la sincérité de son retour. Un peu plus bas, et derrière cet apôtre, paraît à genoux Laurent de Gorrevod, présenté par son patron. De l'autre côté est Claudine de Rivoire, sa seconde femme, aussi à genoux devant un prie-dieu dont le tapis imite un beau damas ; saint Claude, son patron, paraît derrière elle, revêtu d'une très-belle chape. Ces deux portraits semblent placés dans une espèce de niche terminée en pyramide, dont la sculpture est imitée sur le verre avec une vérité surprenante, et dont la base est appuyée sur l'écu de leurs armes. Au milieu de ces vitraux, couronnés par une multitude d'anges en différentes attitudes, on voit les armoiries du prince Philibert-le-Beau et celles de la princesse Marguerite d'Autriche, qui l'avait exigé ainsi en consentant à la fondation de cette chapelle.

En revenant sur nos pas, nous examinerons les vitraux de la chapelle de Marguerite d'Autriche; ils représentent la Sainte Vierge, couronnée par le Père Eternel et par J.-C. son Fils. L'habileté du peintre paraît surtout dans l'exactitude du dessin, la richesse des draperies, la beauté du coloris et la délicatesse des nuances; tout cela est porté ici à un point de perfection qu'on ne voit peut-être nulle part. Les apôtres sont placés dans le bas, près du tombeau où le corps de Marie avait été renfermé. Le prince, que l'on voit d'un côté, et la princesse de l'autre, sont présentés, l'un par saint Philibert son patron, l'autre par sa patrone sainte Marguerite. Les damas et les velours dont ils sont revêtus ont l'éclat et la beauté des étoffes naturelles. Au bas des vitraux sont les armes du prince et de la princesse, et au-dessus du couronnement de la Sainte Vierge, est représenté en camaïeu le triomphe de J.-C. accompagné d'une multitude prodigieuse de patriarches et de saints (1), avec cette inscription latine: *Triumphatorem mortis Christum, æternâ pace terris restitutâ, cælique januâ bonis omnibus adapertâ, tanti beneficii memores deducentes*

_____

(1) Le Sauveur paraît sur un char de triomphe conduit par les quatre évangélistes et par quatre docteurs de l'Eglise. Devant lui marchent Adam et Eve, suivis de tous les patriarches et prophètes de l'Ancien Testament, et de la mère des Machabées avec ses sept fils. A la suite du char on voit les apôtres, les martyrs et autres saints du Nouveau Testament.

divi canunt angeli. « J.-C. vainqueur de la mort, après avoir
« établi la paix sur la terre, et ouvert le ciel aux bons,
« est conduit en triomphe par les anges, aux accents de
« la joie et de la reconnaissance. » On voit en effet quantité
d'esprits célestes qui paraissent chanter le triomphe de
Jésus-Christ, et qui remplissent les jours formés par
différents traits de pierre, servant de couronnement à ces
vitraux.

Il y a encore dans cette chapelle, au-dessus de l'autel
dont nous avons donné la description, une vitre à demi-
murée, dans laquelle on voyait autrefois J.-C. ressuscité,
ayant à sa droite saint Pierre en pleurs, et plus loin saint
Augustin ; et à sa gauche saint Nicolas de Tolentin, et
trois personnages en habit d'église, dans la posture de
suppliants. Cette partie est couronnée comme les vitraux
dont je viens de parler.

Passons actuellement aux vitraux qui sont dans le
chœur. On en compte cinq dans le rond-point qui termine
l'église au-delà du maître-autel. Ils s'élèvent depuis
environ 12 pieds du rez-de-chaussée jusqu'à la voûte, et
sont distribués de manière qu'ils remplissent toute cette
partie, en laissant entre eux des trumeaux d'égale largeur.
Celui du milieu représente dans le bas l'apparition de
Notre-Seigneur à la Sainte Vierge sa mère, après sa
résurrection : la tendresse d'une part, la surprise et la
joie de l'autre, ne peuvent être mieux exprimées. Plus
haut, c'est encore J.-C. ressuscité, qui se montre sous la
forme d'un jardinier à Madelaine prosternée à ses pieds :
à côté et dans le lointain, paraissent deux saintes femmes
qui cherchaient aussi ce divin Sauveur. Au-dessus l'on
voit quatre génies, dont deux soutiennent le portrait, en
forme de médaille, de Maximilien Ier, père de Marguerite ;

et les deux autres, celui de Frédéric IV, père de Maximilien et aïeul de notre auguste princesse.

Dans la croisée qui est du côté de l'Evangile, on a placé Philibert-le-Beau, accompagné de son patron : il est représenté vêtu de son armure, à genoux, contre un prie-dieu. Plus bas est un génie tenant la tablette où est son épitaphe, conçue en ces termes : *Divus Philibertus dux Sabaudiæ hujus nominis secundus, M. D. IIII, quarto idus septembris vitâ functus.* Sur la même ligne est l'écu de ses armes, orné de son casque, et d'une tête de lion pour cimier. Plus haut, et dans les jours des petits croisillons, on trouve deux médailles, l'une de Philippe II, père de Philibert, et l'autre de Marguerite de Bourbon sa mère. Au-dessus de ce croisillon, on compte quatorze écussons.

Le premier écusson, à commencer en haut du côté des vitraux du milieu, est chargé des anciennes armes de Savoie, qui étaient d'or à l'aigle de sable. Au-dessous est écrit : *de Bérault.* Ce prince, connu aussi sous le nom de Bérold ou Berthold, était issu des ducs de Saxe, et est regardé par les généalogistes comme le chef de la maison de Savoie. Rodolphe, roi de Bourgogne, pour récompenser les services importants qu'il lui avait rendus en qualité de lieutenant-général de son royaume, lui donna, en l'an 1000, la Savoie et la Maurienne, dont sa postérité a conservé la souveraineté depuis plus de huit siècles.

Les treize autres écussons qui sont ici placés, renferment les armoiries d'autant de provinces ou seigneuries qui ont appartenu, et dont quelques-unes appartiennent encore à cette illustre maison. On n'a pas suivi dans le rang qu'on leur a donné, l'ordre des années où les descendants de Bérold ont commencé à en jouir : je les rapporterai dans l'ordre où elles se trouvent, et je ne ferai qu'ajouter le temps où elles ont passé à la maison de Savoie, et le nom du prince qui les a possédées le premier.

Je commence par les armoiries que l'on voit au-dessous de celles du comte Bérold. Ce sont les armes du pays de Vaud, d'argent à la montagne de sable. Pierre de Savoie est le premier prince de sa maison qui ait été seigneur de ce pays, non par usurpation, comme l'ont avancé quelques auteurs mal instruits, mais par le don que lui en fit en 1263 l'empereur Richard; petit-fils de Béatrix de Savoie sa sœur; et encore par son mariage avec Agnès de Foucigny, qui y possédait déjà plusieurs terres considérables.

Le second écu qui se trouve après celui-ci, est celui du Piémont, de gueules à la croix d'argent, chargée d'un lambel d'azur. Cette province échut à la maison de Savoie dans la personne de Humbert II, par la mort de la princesse Adélaïde de Suze, épouse d'Oddon, comte de Savoie, son aïeule, l'an 1091.

Le troisième est d'argent à la bande d'azur, accostée de deux léopards de même, l'un en chef et l'autre en pointe, qui est de Zeringen, maison qui a long-temps possédé le comté de Genève. Au-dessous est écrit : *de Genève;* apparemment que l'on attribue ici à ce comté les armes de la maison qui en était souveraine, car je trouve ailleurs que celles de Genève sont cinq points d'or équipollés à quatre d'azur. Odo de Villars, héritier du comté de Genève, en fit cession, en 1401, à Amé VIII, premier duc de Savoie, ensuite pape sous le nom de Félix V.

Le quatrième est d'argent, semé de billettes de sable, au lion de même : ce sont les armoiries du duché de Chablais, que l'empereur Conrad donna, environ l'an 1034, à Humbert Ier, fils de Bérold et comte de Savoie, en reconnaissance des services que ce prince lui avait rendus dans la guerre qu'il avait eue contre Eudes, comte de Champagne, son compétiteur au royaume de Bourgogne, à la mort du roi Rodolphe.

Le cinquième est de Baugé, ville de la Bresse, d'azur au lion d'hermine. Sibylle de Baugé, par son mariage avec Amé V, en 1272, porta cette terre dans la maison de Savoie.

La sixième, bandé d'or et de gueules de six pièces, est de Villars, seigneurie qui fut long-temps possédée par une famille de ce nom, sous le titre de sire de Villars, et qu'Amé VIII, dont j'ai parlé plus haut, acquit à la maison de Savoie, en 1402, avec les terres de Loyes, de Poncin, de Cerdon, de Montréal, d'Arbent, de Matafelon, de Beauvoir, etc., pour la somme de cent mille florins d'or.

Le septième, placé de l'autre côté du menceau, vis-à-vis celui du comte Bérold, est de Saxe, facé d'or et de sable, à la couronne de sinople en bande brochant sur le tout. On lit au-dessous de cet écu : *de Sacsconie;* erreur de ceux qui l'ont écrit et qui ont mal rendu le mot latin *Saxonia.* Cette erreur a fait tomber dans une autre moins pardonnable encore, tous les auteurs des différents manuscrits que j'ai entre les mains, en leur faisant lire *de Savone.* Avec un peu d'attention sur le blason et sur l'histoire, ils auraient vu que ces armoiries ne pouvaient convenir qu'à la Saxe, et qu'en les mettant à côté de celles de Bérold, on a voulu renouveler la mémoire de l'origine de la royale maison de Savoie, et non pas de ses droits sur la ville de Savone.

Le huitième est de Chypre, écartelé au premier d'argent, à la croix potencée et cantonnée de quatre croisettes d'or; au second burelé d'argent et d'azur au lion de gueules brochant sur le tout; au troisième d'or au lion de gueules;

au quatrième d'argent au lion aussi de gueules. Le roi Jean, de la maison de Lusignan, qui avait possédé le royaume de Chypre pendant près de trois siècles, étant mort en 1458, la princesse Charlotte, sa fille et son unique héritière, épousa Louis de Savoie, son cousin germain, fils de Louis, duc de Savoie, et d'Anne de Chypre, sœur du roi Jean. Par cette alliance, le prince se trouva investi de tous les droits de son épouse, et fut couronné roi de Chypre le jour même de son mariage; mais il n'en eut presque que le titre. Jacques, fils naturel du roi Jean, usurpa le trône et s'y maintint pendant treize ans; après sa mort, les Vénitiens s'emparèrent de ce royaume, et en ont joui jusqu'en 1532, où le Grand-Seigneur en fit la conquête.

Le neuvième écusson de sable au lion d'argent, est d'Aoste. Ce ne fut d'abord qu'une seigneurie que la princesse Adélaïde de Suze porta à Oddon, comte de Savoie, par le mariage qu'elle contracta avec lui, environ l'an 1033; mais en 1238, cette terre fut érigée en duché, aussi bien que le Chablais, par l'empereur Frédéric II, en faveur d'Amé IV, comte de Savoie.

Le dixième est de Suze, parti d'argent et de gueules, deux tours de l'un en l'autre. C'est encore par Adélaïde de Suze que ce marquisat a passé à la maison de Savoie, à qui il demeura définitivement par la mort de cette princesse, décédée l'an 1091.

Le onzième d'argent à l'aigle de gueules, essoré sur une montagne de sable, est de Nice. Je crois qu'il y a erreur dans la couleur de l'aigle, et qu'elle devrait être de sable et non pas de gueules, du moins je l'ai vue ainsi blasonnée par Guichenon. Quoi qu'il en soit, le comté de Nice est entré dans la maison de Savoie en 1388, lors des contestations qui régnaient entre Ladislas, fils de Charles de Duras, dit *de la Paix*, et Louis, fils d'autre Louis, duc d'Anjou, au sujet des royaumes de Naples et de Sicile. Les habitants de Nice tenaient pour Ladislas, et résistèrent long-temps aux efforts des troupes de Louis; enfin se trouvant épuisés et à la veille de tomber au pouvoir de leurs ennemis, ils s'adressèrent à Ladislas pour obtenir du secours. Ce prince, dans l'impossibilité où il était de les satisfaire, consentit à ce qu'ils se donnassent à tel souverain qu'ils voudraient, à l'exception du duc d'Anjou. En conséquence ils reconnurent Amé VII pour leur souverain seigneur, et le comté de Nice appartint dès-lors à la maison de Savoie.

Le douzième est de Foucigny ou Faucigny, pallé d'or et de gueules de six pièces. Cette province a été donnée à Pierre, comte de Savoie, par Agnès de Faucigny sa femme, par testament fait à Versoix l'an 1262.

Le treizième est de Gex, d'azur à six broies d'or, au chef d'argent chargé d'un lion issant de gueules. Amé VI, du nom, comte de Savoie, surnommé *le Vert*, avait eu beaucoup de différends avec Jean, roi de France, et Charles son fils aîné. Par le traité qui mit fin à toutes leurs contestations, en 1355, le pays de Gex resta au pouvoir des comtes de Savoie, qui en ont joui jusqu'à l'année 1601, que le duc Charles-Emmanuel céda ce pays avec la Bresse, le Bugey et le Valromey, à Henri IV, roi de France, en échange du marquisat de Saluces.

Les écussons qui remplissent la dernière partie des vitraux du sanctuaire, toujours du côté de l'évangile, représentent la suite généalogique des ancêtres, tant paternels que maternels de Philibert-le-Beau.

Le premier, à droite du meneau ou montant qui partage

les deux lignes, est de Savoie, de gueules à la croix d'argent; plus bas on lit: *Amé, comte de Savoie.* Les auteurs de nos manuscrits ont cru qu'il était question ici d'Amé V, surnommé *le Grand,* qui commença à régner l'an 1285, et mourut en 1323 ; mais si j'en juge par l'écu que l'on trouve après celui-ci, où est marquée l'alliance que contracta le comte de Savoie dont il s'agit, je suis persuadé qu'au lieu d'Amé, il faut lire Aymon, appelé mal à propos Amé par quelques écrivains.

Le second écu est parti de Savoie et de Mont-Ferrat, d'argent au chef de gueules : c'est Aymon et non Amé, qui s'est allié à cette maison, lorsqu'en 1330 il épousa Yolande de Mont-Ferrat, fille de Théodore Paléologue, marquis de Mont-Ferrat, et d'Argentine Spinola. Ce comte Aymon était fils d'Amé V et de Sibylle de Baugé. Il succéda à Edouard son frère aîné, mort sans enfants mâles en 1329, et décéda au château de Montmélian le 24 juin 1343, laissant de son mariage avec Yolande de Mont-Ferrat, Amé VI qui suit.

Le troisième est d'Amé VI, appelé *comte Vert,* parce que dans un tournois qu'il avait ordonné à Chambéry en 1348, il se présenta vêtu de vert, lui, ses gens et son cheval. Il monta sur le trône de Savoie à la mort d'Aymon son père, et mourut de la peste dans le château de Saint-Etienne, au diocèse de Bitonte, le 2 mars 1383.

Le quatrième est parti de Savoie et de France, à la cotice de gueules, qui est de Bourbon, par rapport au mariage du comte Vert avec Bonne de Bourbon, sœur de Jeanne de Bourbon, reine de France, et fille de Pierre, duc de Bourbon, et d'Isabelle de Valois. Ce mariage fut contracté en 1355.

Le cinquième est d'Amé VII, dit *le Rouge* ou *le Roux,*

fils d'Amé VI et de Bonne de Bourbon; il fut comte de Savoie, en 1383, et régna jusqu'à l'an 1391, qu'il mourut à Ripaille d'une chute de cheval.

Le sixième est parti de Savoie et de France, à la bordure engrelée de gueules, qui est de Berry, parce que Amé VII, en 1376, avait épousé Bonne de Berry, fille de Jean, duc de Berry, et de Jeanne d'Armagnac.

Le septième est d'Amé VIII, surnommé le *Pacifique*, fils d'Amé VII et de Bonne de Berry. C'est lui qui le premier a porté le titre de duc de Savoie, par l'érection que fit l'empereur Sigismond de ce comté en duché l'an 1416. Ce prince, après avoir régné quarante-trois ans, se retira à Ripaille sur le lac de Genève, entre Thonon et Evian, avec six gentilshommes à qui il conféra l'ordre de la chevalerie de Saint-Maurice qu'il avait institué. Il y vécut dans une une espèce de solitude pendant cinq ans, jusqu'à ce qu'il fût placé sur le Saint-Siége, le 15 novembre 1439, par décret du concile de Bâle, au préjudice du pape Eugène IV, que ce concile avait déposé. Touché des maux que son élection causait à l'Eglise, il se détermina, en 1449, à renoncer au souverain pontificat et à tous les droits qu'il y pouvait prétendre, en faveur de Nicolas V, qui avait été élu pape à la mort d'Eugène IV, arrivée en 1447. Après sa démission, Amé VIII quitta le nom de Félix V qu'il avait pris, retourna dans sa solitude de Ripaille, où il mena une vie très-exemplaire. Il mourut à Genève, en odeur de sainteté, le 7 janvier 1451.

Le huitième est parti de Savoie et de Bourgogne, écartelé au premier semé de France, à la bordure composée d'argent et de gueules, qui est Bourgogne moderne; aux second et troisième bandés d'or et d'azur à la bordure de gueules, qui est Bourgogne ancienne. Amé VIII avait été promis en 1386 à Marie de Bourgogne, fille de Philippe-le-Hardi, duc de Bourgogne, prince du sang de France, et de Marguerite, comtesse de Flandre; mais ce mariage ne fut terminé qu'au mois de mai 1401.

Le neuvième est de Louis de Savoie, fils d'Amé VIII et de Marie de Bourgogne. Son père ayant été élu pape, l'émancipa et le déclara duc de Savoie, de Chablais et d'Aoste, en 1439. Il régna vingt-neuf ans, et mourut à Lyon le 29 janvier 1465.

Le dixième est parti de Savoie et de Chypre. J'ai dit ailleurs que Louis, duc de Savoie, avait épousé Anne de Chypre, fille de Jean ou Janus, roi de Chypre, de Jérusalem et d'Arménie, et de Charlotte de Bourbon. Ce mariage fut célébré à Chambéry au mois de février 1433.

Le onzième enfin et le dernier écu de cette ligne, est celui de Philippe II, duc de Savoie, père de Philibert-le-Beau. Il était le cinquième fils du duc Louis, et succéda à Charles-Jean-Amé son petit-neveu, mort à l'âge de sept ans, le 16 avril 1496. Il ne régna pas long-temps, puisqu'il mourut l'année suivante, comme on l'a vu dans ce que j'en ai dit au commencement de cet ouvrage.

La seconde ligne marque les ancêtres de Philibert-le-Beau, du côté de Marguerite de Bourbon sa mère, par laquelle il remonte jusqu'à saint Louis, roi de France.

En effet, le premier écu que l'on aperçoit à gauche du meneau, est de France, d'azur à trois fleurs de lis d'or 2 et 1; au-dessous est écrit : *Saint Louis, roi de France.* Ce prince était fils de Louis VIII et de Blanche de Castille; il fut sacré roi de France le 29 novembre 1226; vingt-deux ans après il se croisa pour délivrer les chrétiens qui gémissaient sous l'oppression des infidèles; il se rendit en Egypte avec une armée puissante et nombreuse. Il obtint d'abord les succès les plus glorieux ; mais bientôt après il fut vaincu et fait prisonnier avec ses deux frères Alphonse et Charles, le 5 avril 1250 : on se hâta de payer la rançon d'un prince aussi cher à ses peuples. Les malheurs qu'il éprouva dans cette expédition ne l'empêchèrent pas d'en tenter une seconde. Il se remit en mer en 1270, et passa en Afrique. A peine eut-il mis le siége devant Tunis, que la peste, qui commença à faire des ravages affreux parmi les croisés, l'attaqua lui-même et le conduisit au tombeau. Il mourut le 25 août 1270, et fut canonisé neuf ans après par Boniface VIII.

Le second écu est parti de France et de Provence d'azur à la barre d'or, accompagné de trois croisettes d'argent, une en pointe et deux aux flancs, au chef de gueules chargé d'un mufle de lion d'or. Saint Louis avait épousé en 1234 Marguerite de Provence, fille de Raymond Bérenger, cinquième de ce nom, comte de Provence, et de Béatrix de Savoie.

Le troisième est de Robert de France, sixième fils du roi saint Louis et de Marguerite de Provence. Il naquit en 1256, fut comte de Clermont en Beauvoisis, et mourut le 7 février 1318. C'est ce prince qui est la tige de la maison régnante de Bourbon.

Le quatrième est parti de France et de Bourbon, par rapport au mariage de Robert de France avec Béatrix de Bourgogne, dame de Bourbon, fille de Jean de Bourgogne et d'Agnès, héritière de Bourbon.

Le cinquième est de Louis, premier de ce nom, duc de Bourbon, fils de Robert de France et de Béatrix de Bourgogne. Il était pair et chambrier de France, comte de Clermont, de la Marche, etc. Ses rares qualités lui méritèrent le surnom *de Grand,* et le rendirent cher à

Charles-le-Bel, qui érigea en sa faveur la baronie de Bourbon en duché pairie, le 27 décembre 1327; il mourut au mois de janvier 1342.

Le sixième est parti de Bourbon et de Hainaut, d'or au lion de sable, parce que Louis Ier, duc de Bourbon, avait épousé en 1310, non pas Jeanne (comme l'annonce l'inscription que l'on voit au-dessous de cet écu), mais Marie de Hainaut, fille de Jean II, comte de Hainaut, et de Philippe de Luxembourg.

Le septième est de Pierre, premier de ce nom, duc de Bourbon, comte de Clermont et de la Marche, chambrier de France et gouverneur de Languedoc et de Gascogne. Il était fils de Louis Ier, duc de Bourbon, et de Marie de Hainaut. Il fut tué à la bataille de Poitiers, le 19 septembre 1356.

Le huitième est parti de Bourbon et de Valois de France, à la bordure de gueules, parce que Pierre Ier, duc de Bourbon, épousa en 1356 Isabelle de Valois, fille de Charles de France, comte de Valois et de Mahaut, dont le père était Guy de Châtillon, comte de Saint-Paul et bouteiller de France.

Le neuvième est de Louis II, duc de Bourbon, comte de Clermont et de Forez, sieur de Beaujeu et de Dombes, pair et grand-chambrier de France. Son père fut Pierre Ier, duc de Bourbon, et sa mère, Isabelle de Valois. Il naquit l'an 1337, et mourut à Mont-Luçon le 19 août 1410, emportant au tombeau, avec le surnom de *Bon*, l'estime universelle qu'il s'était acquise par sa bravoure et par les belles qualités de son cœur.

Le dixième est parti de Bourbon et d'Armagnac, écartelé au 1 et 4 d'argent au lion de gueules, au 2 et 3 de gueules au léopard lionné d'or, avec cette inscription : *Bourbon et*

Amie d'Armagnac. Il y a ici plus d'une erreur : d'abord j'ai parcouru toute la généalogie de la maison d'Armagnac, et je n'y ai point trouvé de filles de ce nom ; en second lieu, parmi les filles de cette maison, je n'en connais qu'une qui se soit alliée à celle de Bourbon ; mais elle s'appelait Catherine, et fut mariée en 1484 à Jean, second du nom, duc de Bourbon, arrière petit-fils de Louis II, de l'alliance duquel il s'agit ; et, en troisième lieu, on ne peut ignorer que ce prince avait épousé, en 1368, Anne, fille de Beraud II, dauphin d'Auvergne, comte de Clermont, et de Jeanne de Forez, et non pas un Armagnac.

Le onzième enfin est parti de Savoie et de Bourbon, par rapport au mariage de Marguerite de Bourbon avec Philippe II, duc de Savoie. On voit que la généalogie de cette princesse est interrompue : le peu d'espace que laissaient les vitraux n'a pas permis de la donner tout entière. On a omis deux générations, savoir :

Jean Ier, duc de Bourbon et d'Auvergne, comte de Clermont, de Montpensier et de Forez, sieur de Beaujolais, de Dombes, etc., pair et chambrier de France. Ce prince était fils de Louis II, duc de Bourbon, et d'Anne, dauphine d'Auvergne. Il fut fait prisonnier à la funeste bataille d'Azincourt, en 1415, et conduit en Angleterre, où il mourut l'an 1434, après dix-neuf ans de prison. Il avait épousé en 1400 Marie de Berry, fille de Jean de France, duc de Berry, et de Jeanne d'Armagnac, dont il eut, entr'autres enfants, Charles, premier du nom, qui suit.

Charles Ier mourut à Moulins, le 4 décembre 1456, laissant onze enfants d'Agnès de Bourgogne, fille de Jean, surnommé *sans Peur,* duc de Bourgogne, et de Marguerite de Bavière, qu'il avait épousée en 1425. Du nombre de ces enfants fut Marguerite de Bourbon, épouse de Philippe II, et mère de Philibert-le-Beau.

Du côté de l'épître, et près des vitraux du milieu, on aperçoit dans la partie inférieure le portrait de Marguerite d'Autriche. Elle est à genoux, comme Philibert-le-Beau, devant un prie-dieu, auprès duquel est représentée une levrette. Sainte Marguerite, sa patrone, paraît derrière elle, foulant aux pieds un dragon monstrueux et terrible : au-dessous, un génie tient une table d'attente, sur laquelle devait être l'épitaphe de la princesse ; à côté est placé l'écu de ses armes.

Dans les jours du petit croisillon, on voit les portraits en médailles de Soliman II, empereur des Turcs, que Charles V chassa en 1529 de devant Vienne qu'il assiégeait, et celui de Mulei-Hassen, roi de Tunis, que le même Charles V rétablit en 1535 sur son trône, dont on l'avait chassé. Un peu plus haut, on voit encore quatre médailles : la première est celle d'Ernest, bisaïeul de l'illustre Marguerite ; la seconde, celle de Philippe 1er, roi d'Espagne, son frère ; la troisième, celle de l'empereur Charles-Quint, son neveu ; et la quatrième, celle de Ferdinand 1er, empereur après l'abdication de Charles-Quint son frère.

Le reste des vitraux est occupé par les armoiries des ancêtres de la princesse, tant du côté de l'empereur Maximilien son père, que du côté de Marie de Bourgogne sa mère.

Le premier écu que l'on voit dans le haut de cette partie des vitraux, d'or à l'aigle éployé de sable, chargé sur l'estomac d'un autre écu d'or au lion de sable, est celui de Rodolphe 1er, que l'on regarde comme le chef de la maison d'Autriche. Il fut élu empereur à Francfort, en

4

1273, tua Ottocare, roi de Bohême, dans une bataille, et mourut le 30 septembre 1291.

Le second est parti de l'empire et de Hohenberg, d'argent coupé de gueules, parce que Rodolphe Ier avait épousé Anne d'Hohenberg, fille d'Albert, comte d'Hohenberg sur le Neker.

Le troisième, d'or à l'aigle éployé de sable, chargé sur l'estomac d'un écu de gueules à la face d'argent, est d'Albert Ier, fils de Rodolphe Ier et d'Anne de Hohenberg. Ce prince fut investi, après la défaite d'Ottocare, en 1278, du duché d'Autriche, dont sa famille prit le nom. Son père étant mort, Adolphe de Nassau fut mis sur le trône de l'empire, mais Albert, qui était puissant, déclara la guerre au nouvel empereur, le tua de sa propre main dans la bataille donnée près de Wors, le 2 juillet 1298, et fut ensuite élu et couronné à Aix-la-Chapelle. Il régna dix ans, et fut mis à mort à Reinsfeld, en 1308, par Jean, duc de Souabe, son neveu.

Le quatrième est parti de l'empire et de Carinthie, parti d'Autriche et d'argent, à trois lions passant l'un sur l'autre de sable, coupé d'argent à l'aigle de gueules, à cause du mariage d'Albert Ier avec Elisabeth, fille de Mainard, duc de Carinthie.

Le cinquième est de Léopold Ier d'Autriche, surnommé *le Glorieux*, fils d'Albert Ier et d'Elisabeth de Carinthie. Il était duc d'Autriche et de Styrie, comte de Carniole, d'Hasbourg et de Kibourg, landgrave d'Alsace et de Brisgaw. Il mourut en 1327.

Le sixième qui se trouve le plus élevé dans la dernière partie des vitraux, est parti d'Autriche et de Savoie, pour marquer le mariage que Léopold Ier contracta en 1310 avec Catherine de Savoie, fille d'Amé V et de Sibylle de Baugé.

Le septième est d'Albert II, duc d'Autriche, frère du précédent et dernier fils d'Albert Ier. Il embrassa d'abord l'état ecclésiastique, et fut chanoine de Passaw; mais ses frères étant morts, il recueillit leurs successions et continua la postérité. Il mourut le 18 juin de l'an 1358.

Le huitième est parti d'Autriche et de gueules à deux barres adossées d'or, qui est de Ferrette, parce qu'Albert II avait épousé Jeanne, fille et héritière d'Ulrich, comte de Ferrette.

Le neuvième est de Léopold II, duc d'Autriche, troisième fils d'Albert II, surnommé *le beau Gendarme*. Il fut tué le 9 juillet 1386, dans une bataille qu'il avait livrée aux Suisses, à Sempach, près de Lucerne.

Le dixième est parti de l'empire et de Milan, d'argent, à la givre (ou serpent) d'azur, tortillant en pal, lissant de gueules, à cause du mariage de Léopold II avec Viridis, fille de Bernabon, comte de Milan.

Le onzième est d'Ernest Ier, dit *de Fer*, quatrième fils de Léopold II. Il fut duc d'Autriche, de Styrie et de Carinthie, après avoir quitté l'état ecclésiastique qu'il avait embrassé, et mourut en 1427.

Le douzième, qui se trouve au-dessous du croisillon, est parti d'Autriche et de Mâcon, de gueules à l'aigle d'argent. Je ne sais pourquoi l'écu d'Autriche se trouve ici accolé à celui de Mâcon. J'aime mieux avouer mon insuffisance que d'entreprendre de justifier l'auteur des généalogies que j'explique. Il a pu se tromper, et il s'est trompé en effet, s'il a prétendu donner à Ernest Ier une comtesse de Mâcon pour femme.

Le treizième est de Frédéric IV, dit *le Paisible*. Il était fils d'Ernest Ier et de Zimburge de Massovie; il fut élu empereur en 1440, et mourut en 1493. C'est lui qui, en

1449, décida Amé VIII, duc de Savoie, à renoncer à la dignité de souverain pontife, à laquelle il avait été nommé par le concile de Bâle.

Le quatorzième est parti de l'empire et de Portugal, d'argent à cinq écussons d'azur posés en croix, chacun chargé de cinq besans d'argent mis en sautoir, marqués d'un point de sable, l'écu bordé de gueules à sept châteaux d'or 3, 2, 2. Frédéric IV avait épousé, en 1453, Eléonore de Portugal, fille d'Edouard, roi de Portugal, et d'Eléonore d'Aragon, morte en 1467.

Le quinzième est de Maximilien Ier, fils de Frédéric IV et d'Eléonore de Portugal. Son père le créa archiduc d'Autriche, titre qu'aucun de ses ancêtres n'avait porté avant lui. Il fut élu roi des Romains du vivant de son père, le 16 février 1486, et mourut à Lintz le 12 janvier 1519.

Le seizième est parti de l'empire et de Bourgogne, pour marquer le mariage de l'empereur Maximilien Ier avec Marie de Bourgogne, fille et héritière de Charles, duc de Bourgogne, surnommé *le Hardi, le Guerrier* et *le Téméraire;* et d'Isabelle, dont le père était Charles Ier, duc de Bourbon. C'est de ce mariage, célébré à Gand le 20 août 1477, qu'est née Marguerite d'Autriche; et c'est par cet écu que finit sa généalogie du côté de son père.

Pour trouver ses ancêtres maternels, il faut suivre l'autre côté du meneau dans le même ordre que je viens d'observer.

Le premier écu, qui répond à celui de l'empereur Rodolphe Ier, est de Bourgogne l'ancien. Cette province a eu d'abord le titre de royaume, puis celui de duché-pairie. Après avoir éprouvé plusieurs révolutions qu'il serait trop long de raconter, elle échut au roi Jean; celui-ci en fit l'apanage de Philippe, son quatrième fils, qui devint ainsi le chef des ducs de Bourgogne de la seconde branche royale, de laquelle est sortie Marie de Bourgogne, mère de Marguerite d'Autriche.

Le second, semé de France à la bordure composée d'argent et de gueules, est du comté de Nevers, qui fit autrefois partie du duché de Bourgogne.

Le troisième est de France, avec cette inscription : *Le comte Philippe de Valois.* Il était fils de Charles de France, comte de Valois, d'Alençon, etc.; et de Marguerite de Sicile sa première femme. Il succéda au royaume de France à la mort de Charles-le-Bel, son cousin-germain, qui ne laissait point d'enfant mâle, et mourut à Nogent-le-Roi le 22 août 1350. C'est à lui qu'Humbert, dernier dauphin de Viennois, donna le Dauphiné, à condition que les fils aînés de nos rois s'appelleraient dauphins.

Le quatrième est parti de France et de Bourgogne, parce que Philippe de Valois avait épousé en 1313 Jeanne de Bourgogne, fille de Robert II, duc de Bourgogne, et d'Agnès de France.

Le cinquième est du roi Jean. Il était fils de Philippe de Valois et de Jeanne de Bourgogne dont il vient d'être parlé. Il monta sur le trône de France en 1350, à la mort de son père, et fut universellement estimé par sa bravoure et sa fidélité à garder sa parole. Le 8 avril 1364, il mourut en Angleterre où il avait fait un voyage pour engager le roi Edouard à se croiser avec lui, et le disposer à l'expédition de la Terre-Sainte.

Le sixième, que l'on verra le premier de la dernière ligne des vitraux du sanctuaire, est parti de France et de gueules au lion d'argent, qui est de Bohême, par rapport au mariage que le roi Jean de France contracta, en 1332, avec Bonne de Luxembourg, fille de Jean, roi de Bohême.

Le septième est de Philippe, duc de Bourgogne. Il était le quatrième fils du roi Jean de France et de Bonne de Luxembourg. Son courage lui mérita le surnom de *Hardi* : il n'avait encore que seize ans lorsqu'il s'en rendit digne par les prodiges de valeur qu'il fit à la bataille de Poitiers, pour sauver la liberté du roi son père. Les mouvements incroyables, quoique inutiles, qu'il se donna dans cette occasion, déterminèrent le roi Jean à lui faire cession du duché de Bourgogne ; et Philippe devint ainsi le chef de la dernière branche des ducs de Bourgogne. Il mourut à Hall en Hainaut, le 27 avril 1404, et fut enterré à la chartreuse de Dijon, qu'il avait fondée.

Le huitième est parti de Bourgogne, et d'or au lion de sable, qui est de Flandre, à cause du mariage de Philippe-le-Hardi avec Marguerite, fille unique de Louis III, dit le Mâle ou le Malin, comte de Flandre, et veuve de Philippe de Rouvre.

Le neuvième est de Jean, surnommé *sans Peur,* qui fut d'abord comte de Nevers et ensuite duc de Bourgogne, pair de France, comte de Flandre, d'Artois, etc. Il fut le premier fils de Philippe-le-Hardi et de Marguerite de Flandre, et naquit à Dijon le 28 mai 1371. Ayant succédé aux états du duc son père, il renouvela les divisions qui régnèrent si long-temps, pour le malheur de la France, entre les maisons d'Orléans et de Bourgogne, et fit assassiner dans Paris Louis de France, duc d'Orléans, le 23 novembre 1407. Douze ans après, c'est-à-dire le 10 septembre 1419, il fut assassiné lui-même par Tannegui du Chastel, ancien domestique du feu duc d'Orléans, sur le pont de Montereau-Faut-Yonne, où il avait été attiré par le Dauphin, sous prétexte d'une conférence.

Le dixième est parti de Bourgogne et de Bavière, fuselé

en bande d'argent et d'azur, parce que Jean-sans-Peur avait épousé, en 1385, Marguerite de Bavière, fille d'Albert de Bavière, comte de Ginaut, etc.

Le onzième est de Philippe III, dit *le Bon*, duc de Bourgogne, fils de Jean-sans-Peur et de Marguerite de Bavière. Il fit différentes fondations pieuses, institua l'ordre de la Toison-d'Or le 19 janvier 1430, posséda presque en entier les dix-sept provinces des Pays-Bas et mourut à Bruges le 15 juillet 1467.

Le douzième est parti de Bourgogne et de Portugal, parce que Philippe-le-Bon avait épousé, en 1429, Isabelle, fille de Jean Ier, roi de Portugal, et de Philippe de Lancastre.

Le treizième est de Charles, surnommé *le Hardi* ou *le Téméraire;* il était fils de Philippe-le-Bon et d'Isabelle de Portugal. Il naquit à Dijon le 10 novembre 1433, fut duc de Bourgogne à la mort de son père, en 1467; et après avoir donné dans plusieurs batailles des preuves d'une héroïque intrépidité, il fut tué, le 5 janvier 1477, ayant attaqué avec trois mille hommes seulement, la ville de Nancy, que le duc de Lorraine, Réné II, lui avait reprise.

Le quatorzième est parti de Bourgogne et de Bourbon, par rapport au mariage de Charles-le-Téméraire avec Isabelle, fille de Charles Ier, duc de Bourbon, et d'Agnès de Bourgogne. Marie de Bourgogne fut le seul fruit de ce mariage. Elle naquit à Bruxelles le 13 février 1457; devenue héritière des états de son père, elle épousa le 20 août 1477, comme il a été dit précédemment, Maximilien Ier. Cette princesse mourut d'une chute de cheval, étant à la chasse, le 25 mars 1482, et fut inhumée dans l'église des Annonciades de Bruges.

Le quinzième est parti de l'empire et de Bourgogne.

C'est le même que nous avons vu en finissant la généalogie de Marguerite d'Autriche, du côté de son père. On peut consulter ce qui en a été dit ailleurs.

Le seizième est celui de Marguerite d'Autriche; il termine l'histoire généalogique de cette princesse, du côté de sa mère, Marie de Bourgogne, dont nous venons de parler. Cet écu est accolé à celui de Savoie pour marquer l'alliance de Marguerite d'Autriche avec Philibert-le-Beau.

Les panneaux où sont placées ces armoiries, les champs, les émaux, les figures, tout est peint des plus belles couleurs, et disposé avec beaucoup d'art.

Au-dessous de chacun des vitraux, on retrouve sur le mur la devise de la princesse; elle est taillée sur la pierre en gros caractères à jour et à demi-rond convexe (1).

La chapelle du prince, que l'on aperçoit en sortant du chœur par la petite porte, n'a rien de singulier que l'éclat de son nom, et une cheminée pratiquée dans l'oratoire qui la joint. Mais celle de Notre-Dame des Sept-Douleurs, fondée en conséquence d'une permission de la princesse, qui est de l'an 1516, par l'abbé de Montécut, son aumônier, est remarquable par la beauté de ses vitraux.

Ils représentent Notre-Seigneur à table, entre les deux disciples qu'il rencontra sur le chemin d'Emaüs. Ce sujet est rendu avec art et dignité; mais un accident arrivé à

(1) Au bas de la croisée, du côté de l'épître, se trouve une fort belle piscine, au sujet de laquelle on raconte un événement assez singulier, qui mérite de fixer l'attention des physiciens. Le P. Nizier de Sainte-Blandine, religieux de Brou, et auteur d'une description manuscrite de l'église, dit avoir vu le tonnerre tomber dans cette piscine deux fois dans l'espace de quelques années, chaque fois le coup frappa précisément au même endroit, et enleva quelques éclats de pierre. On voit encore dans le fond de la niche le pilastre brisé par la foudre.

la tête du Sauveur et à celle d'un des deux disciples, lui ôte beaucoup de son prix. On voit dans le bas l'abbé de Montécut à genoux, revêtu d'une chape de velours cramoisi, ayant derrière lui saint Antoine, son patron, et sous ses genoux l'écu de ses armes. Dans le haut de la vitre, et sur deux espèces de tablettes, on trouve des traits de l'histoire de Joseph : dans la plus élevée, Joseph paraît abordant ses frères en Dothain. On sait que c'est le lieu où ce jeune innocent, l'objet de leur jalousie, fut descendu dans une citerne et ensuite vendu à des marchands ismaélites. Dans la seconde table, Joseph explique à Pharaon, assis sur son trône, le songe qui le troublait, et lui apprend que les sept vaches grasses et les sept beaux épis qu'il avait vus, lui annonçaient sept années d'abondance, auxquelles succéderaient sept années de disette, figurées par les sept vaches maigres et par les sept petits épis qui s'étaient encore présentés à sa vue. Plus loin, sur la même tablette, on voit Joseph comblé d'honneurs par Pharaon, et reconnu par ses frères.

Dans le couronnement de cette vitre, au milieu de laquelle sont placées les armes du prince et de la princesse, on aperçoit une grande quantité d'anges occupés à chanter le *Regina cœli lœtare,* dont le commencement est écrit et noté sur un papier que trois d'entr'eux tiennent entre leurs mains.

Il ne nous reste plus qu'un vitrage à remarquer; il est à l'extrémité de la croisée de l'église, au-dessus de la porte appelée de Sainte-Monique, c'est-à-dire du côté du midi. Il représente l'histoire de la chaste Suzanne. On la voit dans le haut vêtue en criminelle, entre les mains de deux satellites, et debout devant un juge assis sur son tribunal, qui lui montre de la main les deux impudiques

4*

vieillards ses accusateurs ; derrière Suzanne on remarque plusieurs personnes abattues par l'affliction. Plus bas, la scène est changée ; Daniel y démasque l'imposture : un des vieillards déjà convaincu, couvert de honte et de tristesse, est conduit par deux hommes dans la prison, à la porte de laquelle se présente le geôlier. L'autre vieillard défendant encore sa cause, laisse apercevoir par son embarras qu'il ne pourra long-temps résister à la force de la vérité. Toutes ces figures sont parlantes et parfaitement caractérisées. Elles paraissent de grandeur naturelle, malgré leur élévation, comme toutes les autres que nous avons vues dans les différents vitraux.

Vis-à-vis cette vitre, et à l'extrémité septentrionale de la croisée, au-dessus de la porte de Saint-Augustin, dont le frontispice est orné à l'extérieur par proportion à celui du devant de l'église, il y avait aussi des vitraux en peinture et à personnages ; mais ils ont été détruits par la grêle dès l'an 1539. C'est cet accident qui a déterminé à couvrir tous ceux qui restaient avec des treillis en laiton.

CHAPITRE VII.

Du clocher et de la sacristie.

Le clocher mérite bien qu'on y jette un coup-d'œil : il a près de 250 piéds d'élévation. C'est une tour carrée, bâtie en pierres de taille, distribuée en six étages et soutenue par des contreforts qui produisent un très bon effet. On voit au dernier étage une belle galerie à claire-voie, ornée dans chacun de ses quatre angles d'un grand et magnifique fleuron, et dans le milieu de chaque face, d'un autre plus petit, mais qui n'a pas moins de beauté. Au-dessus de cette galerie s'élevait autrefois un dôme en forme de couronne impériale, terminé par une lanterne, avec un globe et une croix; mais comme il menaçait ruine, et que la pierre de taille dont il était construit aurait pu par sa chute causer bien du dommage, on se détermina à l'abattre, il y a plus de cent cinquante ans, et à lui substituer celui qu'on y voit aujourd'hui. C'est un dôme octogone couvert en fer blanc, avec une flèche aussi octogone, couverte de même, environné de huit flambeaux, et surmonté par une croix (1).

La sacristie est une pièce carrée, assez proprement voûtée et boisée tout autour d'une manière également agréable et commode. Elle n'est pas riche en ornements, cependant il y en a quelques anciens dont le velours est très-beau et la broderie fort estimée. On y conserve trois tableaux avec d'autant plus de soin, qu'ils ont été donnés par la princesse fondatrice. Il y en a même deux en tapisserie, travaillés avec beaucoup de délicatesse et ornés de petites perles fines, qui sont l'ouvrage de ses mains, dont l'un représente la Circoncision, l'autre Notre-Seigneur dans un pressoir, versant son sang sur les âmes du Purgatoire; le troisième est une peinture d'une habile maître inconnu, et représente la Sainte Vierge tenant l'Enfant Jésus sur ses genoux. On y conserve aussi une

(1) Cette flèche a été renversée pendant la révolution, et son absence nuit beaucoup à l'ensemble de ce bel édifice. La boiserie de la sacristie dont on va parler, les tableaux, tapisseries, ornements et vases sacrés dont elle était enrichie, tout a été la proie des Vandales modernes.

tenture de quatre pièces de tapisserie, chargée des alliances de Marguerite d'Autriche, qui furent encore données par cette princesse.

Parmi les vases sacrés, l'ostensoir est une pièce très-curieuse et très-riche; il est de vermeil, et a, dit-on, la forme de l'ancien clocher de Brou (1). Il y a aussi trois calices de vermeil, dont l'un a été offert par la ville de Lyon à saint Nicolas de Tolentin, à qui elle s'était vouée pour obtenir la délivrance de la peste; le second a été offert par la ville de Salins en Franche-Comté, après une semblable délivrance; enfin le maréchal de Lhôpital, menacé de mort dans une violente maladie, s'étant voué au même Saint, fit présent du troisième calice après sa guérison.

La ville de Bourg, aussi bien que celle dont nous venons de parler, reconnaît saint Nicolas de Tolentin pour son bienfaiteur, depuis la cessation d'une peste terrible; et chaque année on fait, le 10 de septembre, une procession générale de Bourg à Brou (2). Le maire et les syndics de la ville vont à la suite de cette procession accomplir le vœu solennel qu'on fit alors à saint Nicolas de Tolentin.

---

(1) Ce bel ostensoir avait été donné à l'église par Claudine de Rivoire, seconde femme de Laurent de Gorrevod; il était estimé mille écus, somme très-considérable en ce temps-là.

(2) Cette procession, après avoir été interrompue pendant plus de trente ans, a été rétablie en 1824, ainsi que la bénédiction solennelle des pains de saint Nicolas. Le tableau qui fut offert par la ville après la cessation de la peste en 1629, a été réparé à neuf, et se trouve à côté de la chapelle de Gorrevod.

CHAPITRE VIII.

Des artistes qui ont travaillé à l'église de Brou, de ceux qui
ont présidé aux ouvrages, et des lieux d'où l'on a tiré les
matériaux.

————

Les mémoires que nous avons entre les mains sont si
imparfaits, principalement sur le fait des artistes, que
nous avons pensé à supprimer cet article ; mais le désir
de satisfaire la curiosité du public nous a fait recueillir
tout ce qui a pu se trouver à ce sujet dans nos manuscrits.

Marguerite d'Autriche ayant obtenu la bulle de Jules II
dont nous avons parlé, fit annoncer dans toute l'Europe
le dessein qu'elle avait de faire bâtir à Brou une église
magnifique, et invita les artistes les plus habiles à s'y
rendre. La France, l'Italie, la Flandre et l'Allemagne, en
fournirent un très-grand nombre. On le fait monter à plus
de quatre cents, et on n'aura pas de peine à le croire si
l'on fait attention que l'église de Brou, dans laquelle nous
avons vu tant de travail, a été finie dans moins de vingt-cinq
ans, puisque les fondements n'en ont été jetés par la
princesse qu'au mois d'avril 1511, et qu'en 1536 on y mit
la dernière main sous l'empereur Charles-Quint, son
héritier.

Louis Wamboghem, Allemand de naissance, fut le
principal architecte de cet édifice ; du moins nos manuscrits
les plus anciens le nomment ainsi. Cependant, s'il faut en

croire une tradition appuyée sur quelques mémoires qui
m'ont paru assez exacts, c'est André Colomban, né à
Dijon, et non pas Louis Wamboghem, que l'on doit
reconnaître pour le premier architecte. Ce qu'il y a de
certain, c'est qu'il fut au moins le chef des ouvriers,
puisqu'on le trouve à leur tête dans tous les états originaux
qui les concernent. On raconte de lui, qu'après avoir
travaillé pendant quelque temps à la construction de
l'église de Brou, s'apercevant que le prix-fait qu'il avait
passé avec la princesse ne suffirait pas pour conduire
l'ouvrage à sa fin, il se détermina à l'abandonner, et se
retira secrètement dans un ermitage près de Salins en
Franche-Comté, où il vécut l'espace de cinq ou six mois.
Bientôt, touché de repentir, et plein de confiance aux
bontés de l'illustre fondatrice, il revint sur ses pas.
Philippe de Chartres l'avait remplacé; André Colomban
vit avec douleur qu'on ne suivait pas son premier plan : il
eût voulu ne point se faire connaître; mais il désirait aussi
que son dessin, dont il sentait la supériorité, fût rempli.
Ne sachant quel parti prendre pour l'inspirer sans se
découvrir, il s'avisa de profiter du temps où les ouvriers
allaient prendre leurs repas, pour s'introduire dans les
ateliers; là, il effaçait les dessins qu'on leur avait donnés
et en traçait de nouveaux. Les artistes, surpris et décon-
certés, en portèrent leurs plaintes. On fit cacher des
gardes : André Colomban fut arrêté et même maltraité
par l'un d'eux qui le méconnut sous l'habit d'ermite dont
il était revêtu. Il demanda à parler à Laurent de Gorrevod,
n'hésita plus à se faire connaître; et sur ce qu'il dit du
motif de sa retraite, on lui promit une augmentation.
Marguerite la lui accorda en effet, au-delà même de ses
espérances; alors il se remit à la tête des ouvrages, et

conduisit enfin l'église de Brou au point de magnificence où nous l'avons vue.

Au reste, que ce soit Louis Wamboghém ou André Colomban qui aient été les principaux architectes, on ne peut douter qu'ils n'aient été secondés par d'excellents maîtres en tout genre. Conrad Meyt, Suisse d'origine, était le chef des sculpteurs qu'on appelait en ce temps-là *imagiers* ou *folliagiers*, dont les premiers travaillaient en figures ou statues, et les autres en ornements ou feuillages(1). C'est lui qui a fait en entier la statue qui représente le prince mort, et fini celle qui le représente vivant, après qu'elle eût été ébauchée par un Italien nommé Gilles Vambelli. Les six génies qui sont autour du prince sont les ouvrages de deux sculpteurs seulement : Benoît de Serins a fait les deux qui tiennent les armoiries avec celui qui tient le casque, et Honoffre Campitoglio a fait les trois autres. Thomas Meyt, frère de ce Conrad dont nous venons de parler, est auteur des deux génies qui sont aux pieds de la princesse; Jean de Loubans a beaucoup travaillé à

---

(1) Il existait alors des compagnies ou *confréries* de sculpteurs, d'architectes et d'ouvriers réunis pour travailler à la construction des églises et des autres grands édifices gothiques: et ce n'est que par là qu'on peut expliquer les merveilleuses édifications de ces immenses cathédrales qui étonnent notre siècle, et que les trésors de l'Europe n'auraient pu payer. Ce que l'or des rois ne pouvait faire, la piété de nos pères l'a exécuté. Ces confrères étaient partagés en différentes classes qui travaillaient chacune selon son talent, sans jalousie, sans désordre et sans confusion. Etrangers à toute ambition, ils ne demandaient pour tout salaire que le *pain quotidien* en ce monde, et le paradis en l'autre : ils les ont sans doute bien gagnés.

Quelques personnes ont prétendu que c'était là l'origine de la franc-maçonnerie. S'il en est ainsi, il faut que les *frères et amis* aient bien dégénéré de nos jours.

la chapelle de Marguerite d'Autriche. Jean Rollin, Amé de Picard et Amé Carré y ont fait la plupart des figures : c'est le dernier qui a taillé sur le mausolée de la princesse les lettres de sa devise.

Les maçons, dont nous ne citerons pas les noms, parce que la plupart ne nous ont pas été conservés, étaient au nombre de quatre-vingts. On les distinguait en quatre classes qu'on appelait premiers maçons, seconds-maçons, tiers-maçons, et quarts ou derniers maçons.

Les menuisiers avaient pour chef Pierre Terrasson, de Bourg-en-Bresse : c'est lui qui eut le prix-fait des stalles et de quelques autres ouvrages de menuiserie.

Louis Bernard et Claude Rodet tiennent alternativement le premier rang parmi les charpentiers : ils étaient très-habiles dans leur art ; car on ne peut rien voir de plus beau que la charpente de la couverture.

Le verre pour les vitraux de l'église et pour les fenêtres du couvent, se faisait à Brou : c'est Jean Brochon, Jean Orquois et Antoine Noisins, qui étaient les verriers. Comment ne nous a-t-on pas transmis les noms de ceux qui les ont peints ?

Pour maintenir le bon ordre parmi tant de monde, et régler tout ce qui avait rapport à la construction de l'église, Marguerite d'Autriche établit une chambre du conseil, dont Laurent de Gorrevod fut le président. Elle donna à Pierre Anchemant, natif de Cuiseaux en Bourgogne, l'inspection générale et immédiate sur tous les ouvriers, et le chargea du soin de les faire travailler. Elle commit pour les payer, tous les samedis de chaque semaine, le P. Louis de Glerins, augustin de l'Observance de Lombardie : ce religieux recevait les sommes nécessaires de M. de Marnix, trésorier général de la princesse, par les mains du sieur Louis Vionnet, son trésorier particulier en Bresse, et rendait ses comptes tous les mois pardevant Messieurs de la chambre du conseil. Nous avons encore dans nos archives son compte final, signé par respectable messire seigneur Jean Buathier, et Jobert, secrétaire, et par les PP. Eloy, Joseph et Paul, ses confrères. On conserve dans les archives de Brou onze volumes de comptes détaillés de la dépense journalière qui se faisait dans ce bâtiment : il paraît, par le résultat de ces comptes, que la dépense monta à plus de 220,000 écus d'or. Or, en 1520, l'écu d'or, que je suppose le même qu'en France, était de 71 au marc, à 23 carats de fin, et le marc d'or fin valait 147 livres ; ainsi actuellement que le marc d'or vaut 740 livres 9 sous 1 denier, l'écu d'or de 1520 vaudrait 9 livres 18 sous 6 deniers, et les 220,000 écus d'or vaudraient environ 22 millions de notre monnaie (1). Suivant un petit traité du

(1) Il y a évidemment ici une erreur. D'après le calcul de l'auteur, l'écu d'or vaut 9 ou 10 livres ; or, selon cette évaluation, *deux cent vingt mille* écus ne font pas *vingt-deux millions*, mais bien *deux millions deux cent mille* de nos francs, somme à laquelle M. Riboud croyait en effet que s'éleva la dépense totale. Si cela paraît peu considérable pour un si grand ouvrage, il faut se reporter à l'époque de la construction de l'église. La valeur des espèces était telle alors, que les journées des ouvriers n'allaient pas, l'une dans l'autre, à trois ou quatre sous. Les sculpteurs et maçons du premier rang n'avaient par jour que cinq gros, qui font quatre sous deux deniers ; les autres recevaient à proportion, jusqu'aux derniers manœuvres qui pouvaient avoir deux gros et demi. Louis Wamboghem, qui fut le premier architecte, ou du moins un des principaux artistes, n'avait lui-même que huit sous les jours où il assistait au conseil. Claude Renaud, marchand pelletier à Bourg, qui fut chargé plusieurs fois de porter à Marguerite d'Autriche les plans et dessins des ouvrages qu'on exécutait à Brou, faisait le voyage de Bourg à Malines, où la princesse tenait sa cour, pour douze livres

rabais et renfort des monnaies, composé par Me Bailly, avocat au sénat de Chambéry, l'écu d'or, depuis 1530, valait 43 sous; suivant M. du Cange, l'écu d'or valait en France dans le même temps 45 sous : ce qui paraît prouver que les dénominations des espèces n'étaient fort différentes en France et en Savoie. C'est ce que coûta l'église, sans compter la dotation du couvent, qui fut de 1,200 florins de rente.

Il nous reste à parler des sources où l'on puisa tant de matériaux. Le marbre blanc que l'on voit dans cette église, fut tiré de la célèbre carrière de Carrare en Italie, la seule qu'il y ait en Europe de cette beauté : on le conduisait par mer jusqu'au Rhône, et on le faisait remonter sur ce fleuve jusqu'au port de Neyron, près de Miribel, d'où on l'amenait à Brou sur des voitures. Le marbre noir vient de Saint-Louthain, dans le comté de Bourgogne; et l'albâtre, de Vaugrineuse en Bresse. La pierre blanche a été tirée de Gravelles, de Ramasse et de Rosiers. La table du grand autel, qui a 14 pieds sur 7, vient aussi de Gravelles. Le

neuf deniers. C'est ce qui explique comment, avec une somme qui ne paraît pas excessive, on put mettre tant de bras en mouvement pendant un quart de siècle. D'ailleurs, il faut observer que les matériaux, provenant en grande partie des propriétés ou usufruits de la princesse, ne lui coûtèrent que les frais de main-d'œuvre; que le transport de tout ce qui se tirait de ses domaines s'effectuait par ses tenanciers et par corvées seigneuriales; que tous les travaux des simples manœuvres, la plupart ses censitaires, ne coûtaient presque que leur nourriture. Ces diverses facilités durent épargner au moins un sixième dans la dépense, qui autrement se serait peut-être élevée à trois millions. Or, à cette époque, on pouvait faire avec l'équivalent de trois millions du temps présent, ce qui coûterait aujourd'hui peut-être plus de *vingt deux millions.* — *Considérations sur les monuments de Brou.* — *Mémoires du P. Raphaël de la Vierge-Marie*, prédicateur augustin.

moëllon venait soit de Gravelles, soit des carrières de
Jasseron et de Treconnas. Ces villages, il est vrai, ne sont
éloignés au plus que de trois lieues; mais la difficulté des
chemins, surtout dans ce temps-là, augmentait de beaucoup le prix des voitures, et obligeait de les multiplier
au point que l'exécution d'une semblable entreprise devait
paraître impossible.

Les briques, les tuiles et les carreaux qui ont été
employés dans l'église ou dans le couvent, se faisaient à
Brou et dans le voisinage.

Les bois de chêne ont été pris dans les forêts de Morta-
ville, de Malaval, de Bohaz, du Châtelet, de Châtillonet,
de Chaffour et de Scillon, et ceux de sapin, dans les
montagnes du Bugey. Voilà les sources précieuses qui ont
produit cette quantité immense de matériaux, dont
l'heureux assemblage forme un des monuments les plus
curieux qu'il y ait en France.

CHAPITRE IX.

Des PP. Augustins à qui cette église est confiée.

Nous avons dit que Marguerite d'Autriche avait demandé
à la cour de Rome qu'il lui fût permis de faire bâtir l'église
de Brou sous le vocable de saint Nicolas de Tolentin, et
d'en confier le dépôt aux Augustins de la congrégation de
Lombardie. La bulle qu'elle obtint pour cet effet est du 17
août 1506; et dès le 5 septembre suivant, ces religieux

furent mis en possession de l'emplacement qu'elle leur destinait, et ils y ont habité jusqu'en 1659.

La maison des religieux consiste, dans le rez-de chaussée, en trois grands cloîtres ou portiques, dont les deux premiers, qui communiquent de l'un à l'autre, sur une longueur de 300 pieds, sont très-réguliers et très-beaux ; le troisième, qui sert de basse-cour pour les cuisines, n'a pas tout-à-fait le même éclat, et n'est d'ailleurs composé que de trois ailes. Au-dessus est un dortoir de plus de 200 pieds de longueur sur environ 14 de largeur, où sont les cellules des religieux. Il y a aussi un appartement appelé *de la Princesse*, où sont les chambres pour les étrangers, duquel on communique au dortoir par une salle longue de 88 pieds et large de 38 ; enfin, de belles galeries ou corridors au-dessus de chacun des cloîtres.

Telle est la maison célèbre qu'ont habitée les Augustins lombards pendant près de 153 ans, c'est-à-dire depuis le 5 septembre 1506 jusqu'au 14 mars 1659. Ce fut alors que ces religieux, considérant l'éloignement de leurs supérieurs et des autres maisons de leur ordre, remirent celle-ci aux Augustins réformés de la congrégation de France, qui ont été connus long-temps sous le nom d'Augustins déchaussés. Le jubilé qu'Alexandre VII fit publier lorsqu'il fut élevé sur le Saint-Siége, donna occasion à ce changement : comme les Pères de Lombardie n'entendaient pas la langue françoise, et qu'il y en avait peu d'approuvés pour la confession, le R. P. Chambard, qui était pour lors prieur de Brou, demanda un confesseur français à nos Pères de Mont-Croissant, aujourd'hui Boiron ; on lui envoya le P. Théodore de Sainte-Françoise. Ce religieux visitant, un jour qu'il pleuvait, l'église de Brou, aperçut que la pluie pénétrait de toutes parts à travers les couvertures et les voûtes. « Quel dommage, dit-il au P. Chambard, qui l'accompagnait, de laisser ainsi périr un si précieux monument! Si nous l'avions, nous en aurions bien plus de soin. » Le prieur de Brou, qui voyait avec chagrin l'impuissance où il était d'y faire les réparations nécessaires, et qui savait d'ailleurs que son ordre était sur le **point** d'échanger avec Messieurs de Saint-Antoine le couvent de Brou, contre une de leurs maisons de Piémont, ne dissimula point au P. Théodore le plaisir qu'il aurait à le voir occuper de préférence par sa congrégation. Le projet en fut communiqué au R. P. Denis Duport, qui gouvernait alors cette congrégation en qualité de vicaire-général.

Il n'y avait pas long-temps que notre réforme était établie : le P. Thomas de Jésus, de la maison d'Andrada, connu par l'admirable ouvrage que nous avons de lui, sous le titre de *Souffrances de Jésus,* en avait jeté les premiers fondements en Portugal, en 1574; et les PP. Mathieu et François Amet l'avaient apportée en France en 1596. Nous n'avions encore que peu de maisons : l'occasion d'en augmenter le nombre par l'acquisition du couvent de Brou, était trop belle pour la laisser échapper.

Le P. Denis Duport fit d'abord solliciter le consentement des ducs de Savoie, comme représentant les fondateurs de cette maison; Charles Emmanuel II ayant acquiescé à la demande qui lui en fut faite, le 29 août 1658 nous passâmes un traité avec le R. P. Barthélemy de Carignan, vice-gérant de la congrégation de Lombardie, et autres religieux de son ordre à ce députés, par lequel ces Pères se déportaient en notre faveur du couvent royal de Brou, et nous le cédaient avec tous ses biens et revenus, à la charge et condition par nous de nourrir et entretenir onze religieux bressans de leur congrégation, qui restaient ou reviendraient dans ledit couvent de Brou.

Louis XIV confirma ce traité par un brevet en date du 14 février 1659; et le 14 mars suivant, nos Pères furent mis en possession de l'église et du couvent. A cinq heures du matin, ils se rendirent processionnellement à Brou au nombre de 30, accompagnés de M. Charbonnier, lieute-nant-général au baillage de Bresse, et des principaux de la ville. M. le lieutenant-général remit au R. P. Chambard, prieur, la lettre de cachet par laquelle il lui était ordonné de céder le couvent. Lecture faite des ordres du roi, les religieux, à qui il avait été permis de s'assembler en chapitre, s'y soumirent respectueusement. Après cette acceptation, M. le lieutenant-général conduisit le R. P. Zacharie de Notre-Dame, provincial, et ses compagnons, devant le maître-autel, où le *Te Deum* fut chanté au son de toutes les cloches, et les mit en possession, au nom du roi, de l'église de Brou. De là ils allèrent à la sacristie, au dortoir et dans tous les principaux offices, dont ils reçurent les clefs par les mains de M. le lieutenant-général, à qui elles avaient été d'abord remises; et l'acte de mise en possession fut dressé sur-le-champ.

Nos Pères éprouvèrent quelques contradictions dans les premiers temps de la jouissance de cette maison : quatre des anciens voulurent se pourvoir contre la cession qui nous en avait été faite; mais le parlement de Dijon mit fin à toutes les contestations, en confirmant les Augustins réformés de la Congrégation de France, dans la possession du monastère de Brou et de ses revenus, avec défense aux Pères de Lombardie de les y troubler et molester à l'avenir. C'est ainsi qu'on nous assura la tranquillité dont nous avons joui depuis ce temps-là. On commença dès-lors à travailler aux réparations. Nous allons donner une idée de celles qui y ont été faites successivement, et qui méritent quelque attention.

CHAPITRE X.

Des premières réparations qui ont été faites à l'église de Brou.

———

L'église de Brou, quoique bâtie avec beaucoup d'art et de dépenses, a cependant été sujette, comme tous les autres ouvrages qui sont sortis de la main des hommes, à l'altération et au dépérissement. Les pluies fréquentes qui tombent dans la Bresse ont beaucoup contribué aux premiers dommages. Le peu de soin que l'on mit d'abord à y apporter de prompts remèdes, en a fait naître de nouveaux; et ce qui y a mis le comble, c'est l'enlèvement qui fut fait lors du siége de Bourg, sous le roi Henri II, en 1557, sur la couverture, de 5,676 livres de plomb servant à l'écoulement des eaux. Ajoutez à tout cela, que la plupart des gargouilles se trouvant enfermées dans les gros murs et distribuées presque toutes en plusieurs branches, il n'était pas possible de les nettoyer lorsqu'elles venaient à se remplir, afin d'empêcher le regorgement des eaux sur les toits et les voûtes.

Telle était la situation de la belle église de Brou, lorsque les Augustins réformés de la congrégation de France en furent mis en possession. Leur premier soin fut de remédier à ces inconvénients; ils firent d'abord réparer la toiture; on remplaça les canaux de plomb qui avaient été enlevés, par d'autres canaux de bois garnis de ferblanc; on ouvrit les murs en différents endroits pour vider les gargouilles, et donner aux eaux un libre passage; mais comme toutes ces réparations étaient faites à la hâte, et peut-être avec plus de zèle que d'expérience, le mal ne fut que pallié. Malgré la dépense qu'on y a faite ensuite chaque année, les toits et les voûtes ont toujours souffert quelque nouvelle altération, jusqu'à ce qu'enfin, dans la crainte d'une ruine totale, on se déterminât, en 1759, à y faire des ouvrages considérables. Nous avons cru qu'il ne serait point inutile d'en donner ici une idée.

Les toits de la grande nef, des collatérales et des chapelles, étaient autrefois à la française : les abouts des grands entraits et la plupart des chevrons étant pourris, on a été obligé d'en changer la forme; ils sont à présent à la mansarde. Pour les réduire à cette forme d'une manière solide, on a fait sur la grande nef des murs sur tous les grands entraits, sur lesquels on a placé deux jambes de force liées entr'elles, ou avec le petit entrait et les deux arbalétriers, par des moises qui les fixent en trois différents endroits. On a ajouté, entre chaque ferme, un chevron de plus qu'auparavant, pour empêcher les lattes de plier; on a mis double arbalétrier et double faîtage dans toute la charpente du grand comble. On a posé à bain de ciment toutes les faîtières, ainsi que les tuiles qui sont au-dessous du brisis, c'est-à-dire de l'endroit où le couvert est coupé, afin que les eaux ne pussent pas rejaillir ou s'écouler contre les corps de mur; on a placé sur le dernier membre de la corniche, tout autour de l'église, une pierre de choix de dix pouces d'épaisseur, taillée en tuile avec une goutte pendante. On a élevé sur le sanctuaire les murs de l'église de six pieds de hauteur, et partout ailleurs de quatre pieds; ces murs servent d'appui à un cordon de laves ou de loses, au moyen duquel on a supprimé les tuiles qui y étaient autrefois, et éviter les coyers, dont l'usage peut devenir très-préjudiciable.

On a détruit entièrement l'enrayure et l'aiguille qui étaient sur la croisée de l'église, parce que tous les bois étaient pourris; et à leur place on a construit six voûtes qui prennent leur point d'appui sur les quatre principaux piliers et sur les arcs-doubleaux; de sorte qu'il n'y a plus de grosse charpente au centre de l'église. Les quatre noues, depuis la corniche jusqu'au brisis, sont en pierres de taille, posées sur la maçonnerie qui a été faite en élevant les six voûtes dont nous venons de parler.

On a réparé les trois frontispices : les toits des galeries supérieures ont été entièrement changés; on a supprimé celui du grand portail, où paraît la figure de saint André, et l'on y a substitué des gargouilles en pierres de taille, posées avec beaucoup de précaution, et avec une pente si considérable, que les eaux ne peuvent point y séjourner. Par ce moyen, on a rendu à cette façade sa première beauté, et découvert la statue de saint André, dont une partie était masquée.

Toute la charpente des nefs collatérales et des chapelles est neuve, et leurs toits, aussi bien que ceux de la grande nef, sont à la mansarde, excepté celui de la chapelle du prince, que l'on a conservé pour témoin de la beauté de l'ancienne charpente, et pour servir de modèle au couvert que l'on a construit sur la chapelle de Notre-Dame des Sept-Douleurs.

Les eaux du grand comble et celle des petites nefs sont reçues dans des gargouilles de pierre qui passent sur les

voûtes des chapelles, et qu'on a fait saillir hors des murs de plus de quatre pieds, afin d'éviter davantage le danger du rejaillissement des eaux ; inconvénient qu'on a encore prévenu en taillant à l'extrémité une goutte pendante. Les lions qui servaient ci-devant pour jeter les eaux, semblent aujourd'hui soutenir ces gargouilles, et en conservant le goût de la première construction, produisent un très bon effet.

Le feu du ciel et l'injure des temps ayant dégradé la plupart des parpins et des coudières des fenêtres du clocher du côté du midi, on l'a resuivi depuis les fondations jusqu'à la galerie ; et dans cette face on a remplacé tous les parpins corrompus, changé les coudières des fenêtres, rejointoyé toutes les pierres de taille. On a refait en entier le trumeau et les deux fenêtres du sixième étage du clocher, de ce même côté ; et pour que l'ouvrage fût plus solide et plus durable, on a employé une pierre de taille dure et grise, sans detruire l'ordre qui y régnait auparavant, du moins à l'extérieur. On a mis à neuf toutes les pierres de taille, depuis ce trumeau jusqu'à la galerie ; cette entreprise paraîtra périlleuse si l'on fait attention au poids énorme d'une tour d'environ quatorze pieds de hauteur sur deux et demi d'épaisseur, qui porte sur cette galerie ; mais le travail a été aussi sagement conduit qu'heureusement exécuté, puisque pendant tout le temps qu'on y a travaillé, et que la galerie a été pour ainsi dire tenue en l'air, il n'est pas arrivé le moindre accident.

On a réparé avec le plus grand soin toute la charpente du dôme du clocher, et on l'a recouvert à neuf en fer-blanc. On a fait un nouveau et magnifique beffroi pour supporter les cloches. Enfin on n'a épargné ni attention ni dépenses, pour que toutes les réparations que l'on a jugées nécessaires fussent faites avec autant de goût que de solidité.

La province de Bresse, intéressée à la conservation de ce monument précieux, a voulu ajouter à la gloire de le posséder, celle de contribuer à son rétablissement. La reconnaissance n'a pas permis d'omettre ce trait. Que ne puis-je également rendre justice à ceux de mes confrères dont le zèle et les talents ont été si utiles au succès des réparations! mais leur délicatesse m'a imposé silence sur leur éloge (1).

(1) Celui qui eut une part plus active dans ces importantes réparations, fut le père Raymond Perron. Chargé de la direction immédiate des travaux, il s'en acquitta avec l'intelligence du plus habile architecte, et eut la gloire de contribuer plus que personne à la conservation d'un si beau monument.

SUPPLÉMENT

A L'HISTOIRE DE L'ÉGLISE DE BROU.

—oo꞉ʘ꞉oo—

CHAPITRE XI.

L'église de Brou pendant la Révolution. — Elle est convertie en magasin à fourrage. — Elle est rendue au culte. — Quelques réparations. — On construit le grand autel. — Sa description.

———

Marguerite d'Autriche donna une marque de sa prévoyance, en confiant le service et l'entretien de sa magnifique église à un corps religieux qui, se renouvelant par lui-même, était plus en état d'en prendre soin et de veiller à sa conservation. Les vues de cette pieuse princesse ne furent pas trompées : les deux congrégations d'Augustins qui se sont succédé à Brou pendant plus de deux siècles et demi, y ont souvent fait de grandes réparations. Quoique le P. Pacifique ne parle point de celles qui eurent lieu sous les Augustins de Lombardie, il est incontestable qu'ils en ont fait exécuter d'importantes dans les bâtiments du couvent (1). La dernière congrégation surtout montra

———

(1) C'est ce qu'attestent deux inscriptions latines, sur lesquelles on peut voir une notice intéressante dans les *Considérations sur les*

beaucoup de zèle pour la restauration de l'église, comme on a pu le voir dans le dernier chapitre de cette Histoire. Les travaux entrepris en 1759 sous la direction du P. Raymond Perron, étaient heureusement terminés, lorsque la révolution éclata, et que ces vénérables religieux furent obligés en 1790 d'abandonner un monument qu'ils avaient conservé avec tant de soin.

Cette fatale époque aurait probablement été celle de la destruction totale de l'église de Brou, comme de tant d'autres édifices religieux, si l'administration du département n'eût obtenu de l'Assemblée constituante un décret spécial sanctionné par le roi, qui rangeait Brou dans la classe des monuments nationaux à conserver aux frais de l'Etat. Cette sauvegarde n'empêcha pas néanmoins, sous le régime conventionnel, des dégradations et des enlèvements partiels très-regrettables. Plusieurs statues des stalles et des mausolées furent enlevées; le rétable et les ornements du grand autel furent détruits: mais le dommage le plus considérable qu'éprouva l'église, fut la perte du beau mausolée en bronze de Laurent de Gorrevod. On excipa

---

monuments de Brou, page 32. La première, qui se voit actuellement au-dessus de la porte du jardin, à l'extrémité méridionale du grand cloître, était enfouie depuis long-temps dans un mur, où elle servait d'appui à la base d'une colonne. Elle nous apprend « qu'en 1614 les « fenêtres inférieures et supérieures du couvent ont été reconstruites « et rétablies dans leur ancienne forme, *après une grande ruine.* » M. Riboud, à qui nous devons la découverte de cette inscription, pense que la *grande ruine* qui y est mentionnée, doit se rapporter à l'époque du siége de Bourg sous Henri IV en 1600.

La deuxième inscription, qui est incrustée dans un pilier des arcs du premier cloître de l'église, fait mention de la reconstruction de ce pilier en 1615.

de ce que cette chapelle, étant une propriété de la maison de Gorrevod, n'avait rien de commun avec l'église, et ne se trouvait pas comprise dans l'exception. En conséquence, le mausolée d'airain fut enlevé et conduit à Pont-de-Vaux, où il fut converti en canons.

L'église courut un danger réel lorsque l'effervescence révolutionnaire se dirigea contre les armoiries et les symboles héraldiques. Une tourbe aveugle s'y porta dans le dessein d'anéantir tous les écussons ; mais l'administration avait fait fermer les portes. Les assaillants, ne pouvant pénétrer à l'intérieur, portèrent leur fureur destructive sur les emblêmes, devises, chiffres et lacs multipliés sur le frontispice. Ces ouvrages pleins de délicatesse, et la plupart à *jour,* furent mutilés et brisés ; mais, ce qui doit paraître étonnant, les symboles religieux, la croix et les statues des saints qui ornent la façade furent respectés ; et, quoique exposés à la vue du public, sur une grande route, ils ont traversé toute la révolution sans être détruits : circonstance que nous remarquons pour rendre hommage au bon esprit qui anima toujours les habitants de cette ville, dans le temps même où le délire de l'impiété faisait ailleurs tant de ravages.

A cette crise en succéda bientôt une autre, qui paraissait devoir opérer la ruine entière des monuments de Brou. L'église fut convertie en magasin à fourrage pour un corps d'armée qui se formait à Bourg, sous le nom d'*armée des Alpes.* Bientôt d'immenses amas de foin et de paille furent entassés dans la nef et les bas-côtés ; mais, grâce à la vigilance et aux vives recommandations de l'administration publique, il ne fut fait aucun dommage considérable aux objets précieux. Le chœur et les mausolées, défendus en avant par un rempart impénétrable qui s'élevait jusqu'aux voûtes, se trouvèrent à l'abri de toute atteinte. Cet entrepôt se prolongea long-temps ; et quand l'église fut évacuée, le temps et les esprits étant devenus plus calmes, après la chute de Robespierre, on eut à se féliciter d'un emploi qui avait fait trembler pour le sort des monuments, et qui fut au contraire leur salut.

L'église venait d'être évacuée, lorsqu'un représentant de la Convention, en mission à Bourg, où il avait fermé bien des plaies, vint la visiter, et remarqua sur le tombeau de Marguerite de Bourbon, deux génies de marbre blanc, tenant chacun les extrémités d'une table qui semblait préparée pour recevoir une inscription ou une épitaphe. Ce morceau, digne des Jean Goujon et des Canova, était le plus précieux de Brou ; et de riches étrangers en avaient offert des sommes très-considérables. On inspira à ce représentant l'idée fatale de faire hommage de ce chef-d'œuvre à la Convention, pour y inscrire la constitution qu'elle venait de fabriquer, et placer ce groupe dans sa salle, derrière le fauteuil du président. Cette idée fut saisie, l'envoi décidé, et le groupe encaissé ; mais cette opération, qui exigeait autant de précautions que d'adresse et de solidité, fut exécutée avec si peu de soin et d'intelligence, que les membres délicats des génies furent entièrement brisés avant d'arriver à Paris.

Tandis que l'église était ainsi livrée à la profanation, le couvent fut successivement converti en caserne pour les invalides et la garde départementale, et en maison de détention, où furent renfermés un grand nombre de prêtres et de religieux, dont tout le crime était d'avoir été trop fidèles à leur conscience. On eut ensuite la pensée d'en faire un logement pour la cavalerie : à cet effet, on ferma de gros murs les ouvertures des cloîtres, et ces beaux portiques furent changés en écuries. On porta même le vandalisme jusqu'à couper les piliers, afin de donner plus d'espace aux chevaux ; et après avoir fait beaucoup de dépenses et commis des dégâts incalculables, surtout dans la première cour, il est arrivé que ces écuries n'ont pu être d'aucune utilité, et qu'il n'en est resté aux auteurs de cet absurde projet que la honte d'avoir, en pure perte, défiguré un si beau monument. Enfin, le 22 novembre 1810 on établit à Brou un dépôt de mendicité, et un hospice d'aliénés, dont la direction fut confiée aux sœurs de Saint-Joseph, qui y sont restées jusqu'à la translation de l'hospice dans un autre local, en 1825, et n'ont cessé pendant quinze ans de prodiguer à ces infortunés tous les soins de la plus courageuse et de la plus tendre charité.

L'église cependant était toujours déserte ; ce temple magnifique qui avait si long-temps retenti des louanges de Dieu, ne semblait plus destiné qu'à satisfaire la curiosité publique. Il fut question un moment d'y établir une paroisse, qui aurait compris une partie du faubourg de Saint-Nicolas et le territoire de Brou ; mais ce projet n'eut point de suites. C'était aux Bourbons qu'il était réservé de rendre au culte divin un monument dont la première idée était due à la piété d'une princesse de cette auguste maison. En 1814, la ville de Bourg reçut dans ses murs S. A. R. Monsieur, comte d'Artois, plus tard Charles X. Ce prince accueillit avec empressement la demande qui lui fut adressée par le clergé et les magistrats, de rendre ce bel édifice à la religion. Cette restauration, désirée depuis si long-temps, se fit avec beaucoup de solennité le 22 octobre. M. Chapuis, curé de Bourg, célébra la messe, et bénit les drapeaux du 92e de ligne, dont le prince attacha les cravattes en présence d'un nombreux état-major, de toutes les autorités de la ville, et d'une foule immense qu'avait attirée cette imposante cérémonie. Ce fut pour perpétuer le souvenir d'un si heureux événement, qu'on plaça l'inscription qui se voit dans le sanctuaire à droite de l'autel. Depuis ce moment, on a continué de venir, chaque année, célébrer la messe dans l'église de Brou, le jour des Rogations.

Enfin le moment arriva où Brou devait recouvrer son antique splendeur, par les soins de Mgr Devie, évêque de Belley, prélat distingué par son zèle ardent pour la religion, et par un goût éclairé pour les arts. Sur la demande faite au nom de S. G. par M. Ruivet, vicaire-général du diocèse et curé de Meximieux, le conseil-général du département, par délibération du 6 juin 1823, céda au diocèse de Belley l'église de Brou et ses dépendances pour l'établissement du grand-séminaire. La concession fut autorisée par S. M. Louis XVIII, le 1er octobre suivant, et Brou fut mis à la disposition de Mgr l'évêque. On commença aussitôt à y faire les réparations les plus urgentes; et les travaux furent poussés avec tant d'activité, que le 11 novembre le séminaire fut solennellement installé sous les auspices de saint Martin. Monseigneur célébra la messe pontificale, à laquelle assistèrent les autorités civiles et militaires, et entr'autres, M. Rogniat, préfet du département, et M. Durand de Chiloup, président du conseil-général et maire de la ville, qui ont secondé avec beaucoup de zèle le nouvel établissement. Plus de quatre-vingts ecclésiastiques, en habit de chœur, étaient présents à cette auguste cérémonie; un grand concours de fidèles remplissait les tribunes et la nef. Il est impossible de peindre la satisfaction que chacun éprouvait de voir rendre au culte divin une église antique, à laquelle se rattachent tant de précieux

5*

souvenirs; de voir les cérémonies de la religion se déployer avec pompe dans une superbe basilique, dont elles avaient été bannies depuis tant d'années; de voir ces magnifiques stalles, si long-temps désertes; toutes occupées par un clergé nombreux, qui était venu prendre part à un événement d'une si haute importance pour la religion. Les tombeaux et tous les chefs-d'œuvre réunis dans l'église, les vitraux brillant des plus vives couleurs, les voûtes si long-temps silencieuses, retentissant de chants sacrés : tout ajoutait à l'impression profonde qu'inspirait la présence d'un vénérable pontife, entouré de jeunes lévites destinés à être un jour le soutien de la foi dans nos contrées.

Du côté de l'évangile, en face de l'inscription qui perpétue le souvenir de la visite que fit Monsieur à l'église de Brou, on a fait graver sur une table de marbre noir, une inscription latine qui consacre l'époque de l'ouverture du séminaire, et dont voici le sens :

« Ce jour consacré à saint Martin, où ce temple, merveille des arts, et ces édifices, hélas! pendant tant d'années, asile de la douleur, ont été rendus à la religion par la concession du conseil-général du département, par le zèle des magistrats, par l'autorité du roi très-chrétien, et inaugurés en séminaire diocésain par le révérendissime A.-R. Devie, évêque de Belley, sera célébré solennellement, chaque année, en reconnaissance de ce bienfait. — 11 novembre 1823. »

Après avoir rapporté les divers événements qui intéressent Brou, dans les temps modernes, et la manière presque miraculeuse dont ce beau monument a été conservé, il ne nous reste plus qu'à indiquer les réparations et les nouveaux embellissements qui y ont été faits.

Quoique Brou eût été mis au nombre des monuments

nationaux, ce n'était là qu'une bien faible garantie pour l'entretien de ce superbe édifice, au milieu de la tourmente révolutionnaire. A cette triste époque, on ne pensait guère à restaurer les églises et les couvents; c'était au contraire le moment où l'impiété triomphante renversait avec fracas tout ce qui portait l'empreinte de la religion, et marquait tous ses pas par des ruines : il fallut toute la vigilance des autorités locales pour sauver Brou de ce torrent dévastateur. Des jours moins orageux ramenèrent enfin des idées plus raisonnables. Les chefs du département de l'Ain ont successivement dirigé leur attention sur Brou, en sollicitant des fonds auprès du gouvernement, lorsque l'état des monuments les réclamait. Leurs démarches n'ont jamais été infructueuses depuis la restauration; mais ces succès n'ont pas toujours été proportionnés à l'étendue des besoins, et l'on s'est borné assez long-temps à des réparations partielles et insuffisantes. Enfin l'on sentit la nécessité de faire un sacrifice plus étendu : M. Debeley, architecte de Bourg, fut chargé de dresser un devis général de toutes les réparations à faire dans l'église. Ce devis, ayant été approuvé par le gouvernement, fut exécuté, par parties, à mesure que l'on obtint des fonds nécessaires; et l'on peut dire que par là on sauva ce précieux monument, dont plusieurs parties avaient été considérablement altérées par le laps du temps, et par le défaut de soin et d'entretien. Le clocher surtout avait beaucoup souffert depuis la chute de la flèche, et menaçait ruine. On a remplacé par des pierres dures et solides toutes celles qui avaient été détériorées par les injures du temps, et là même réparation a été faite dans une infinité d'autres endroits qu'il serait trop long de détailler. On a refait presque à neuf le tympan et la corniche rampante du fronton méridional au-dessus

de la porte de Sainte-Monique. On a aussi rétabli le beau
fleuron qui couronne le fronton de la porte Saint-Augustin,
au nord, ainsi que le lion placé à gauche de ce fronton,
avec la colonne sur laquelle il est assis.

L'église, négligée depuis tant d'années, était dans un
état de malpropreté dégoûtant, effet nécessaire de l'humidité produite par les amas de fourrages qu'on y avait
entassés. Le premier soin des directeurs du nouveau
séminaire a été de faire disparaître les taches qui défigu-
raient les murs et les piliers, et de leur rendre, autant
que possible, leur premier éclat. Ils ont été puissamment
secondés par leurs élèves, qui n'ont cessé de montrer le
plus grand zèle pour entretenir l'église dans cet état de
propreté et de décence qui convient à la maison de Dieu.
Les stalles et la boiserie du chœur ont été nettoyées avec
une attention toute particulière. On est heureusement
venu à bout, à l'aide d'une légère couche d'encaustique,
de rendre au bois sa première couleur, qui avait été
entièrement dénaturée par la poussière ; on a pareillement
réparé les grilles des chapelles, dont les colonnes, les
panneaux et les frises sont chargés de feuillages et d'autres
ornements qui méritent d'être remarqués. On a lavé et
réparé plusieurs tableaux, entr'autres celui de N.-D. des
Sept-Douleurs, qui est estimé, et celui de saint Nicolas
de Tolentin, qui fut donné par l'empereur Charles-Quint.
Autour du mausolée du prince, se trouvait une énorme
grille de fer grossièrement travaillée qui en dérobait la
vue ; elle a été remplacée par une autre grille plus légère,
faite en forme d'ogives, dont les barreaux sont ornés de
deux anneaux de bronze qui font un bel effet.

On a fait un nouveau beffroi, et l'on y a placé deux
cloches, qui ont été bénites par Mgr l'évêque ; la première

a eu pour parrain M. le chevalier Dumarché, député de l'Ain, et pour marraine, Mme la baronne de la Bévière; et la seconde, M. Favel, receveur-général du département, et Mme de Saint-Virbas.

L'ouvrage le plus important qui ait été exécuté dans l'église de Brou depuis sa restauration, c'est l'érection du nouvel autel, dont nous avons déjà parlé dans une note page 52. Les dessins de cet autel sont dus à M. Pollet, de Lyon, architecte plein de goût et de talent, qui a retrouvé avec bonheur les formes élégantes et sveltes de l'architecture gothique; et l'exécution en a été confiée aux sieurs Jamey et Bernard, marbriers à Lyon. Ce monument, en marbre blanc de Carrare, a une forme tumulaire parfaitement en rapport avec la destination de l'édifice, qui renferme déjà trois tombeaux de la maison de Savoie. Le devant de l'autel est formé de plusieurs petites ogives, dont les colonnes jumelées, avec leurs chapiteaux et leurs bases, sont très-bien travaillées. La doucine, qui fait corniche, est ornée de pampre de vigne dans lesquels sont entrelacés ces mots écrits en caractères gothiques : *Ego sum panis vitæ.* Les renfoncements de l'autel sont ornés, à droite, du chiffre de saint Martin, patron du séminaire; et à gauche, de celui de saint Nicolas, patron de l'église. Chaque chiffre est entouré d'un cordon entrelacé, dont la délicatesse est d'autant plus admirable, que les ouvriers n'avaient jamais fait un pareil ouvrage. Mais le tabernacle surpasse encore tout le reste pour la richesse, la vérité du style et le fini de l'exécution. Le nouvel autel est beaucoup plus élevé que l'ancien, afin de donner aux assistants la facilité de voir le prêtre au-dessus du mausolée, et de suivre les cérémonies. Les marches ont été faites par le sieur Vavre, de Bourg; et le parquet du sanctuaire, par le sieur Fontaine, de Saint-Amour.

Ce bel autel est enrichi de quinze statues en bronze doré, représentant le Sauveur avec ses douze apôtres, et les deux évangélistes saint Marc et saint Luc, avec leurs attributs respectifs. Les modèles en ont été faits à Lyon par un statuaire distingué, M. Legendre-Hérald, les statues ont été coulées à Paris, et dorées à Lyon par M. Saulnier, inventeur et seul possesseur du secret de la dorure qui porte son nom. Six candelabres gothiques et une croix, remarquables par leur élégance, couronnent tout l'ouvrage, et produisent un très-bel effet. L'exécution en est due au sieur Vernas, ornemaniste, qui, sur de simples dessins, a fait avec une grande délicatesse des ornements très-compliqués et très-difficiles. Cet autel, en un mot, avec ses accessoires, fait le plus grand honneur tant à l'architecto qui l'a conçu qu'aux artistes qui en ont exécuté les différentes parties.

Quoique les réparations que l'on a faites dans la maison ne soient pas aussi intéressantes que celles qui ont été exécutées dans l'église, nous ne pouvons nous dispenser de les indiquer sommairement. Les appartements de la princesse ont été décorés pour Mgr l'évêque de Belley; ce qui procure au séminaire et à la ville de Bourg le bonheur de jouir plus souvent de la présence d'un prélat si vénéré et si digne de l'être. Une chapelle domestique a été érigée, sous le vocable de saint Gérard, dans le cloître le plus voisin de l'église, que l'on croit être à peu près à la place où se trouvait l'église bâtie par ce saint évêque. Les cellules destinées anciennement aux religieux n'étant pas suffisantes pour recevoir tous les élèves du séminaire, il a fallu en augmenter le nombre; on est parvenu, avec beaucoup de peine, à construire en entier un second étage, dans la toiture, où l'on a pratiqué quarante-six nouvelles chambres, bien aérées, avec un vaste corridor, en forme de croix, qui règne dans toute l'étendue du bâtiment. Par là, on a acquis la facilité de loger commodément les séminaristes pendant les cours de théologie, et les ecclésiastiques qui se réunissent chaque année à Brou pour la retraite pastorale.

Des réparations aussi majeures exigeaient des dépenses considérables. Le gouvernement alloua les fonds nécessaires pour l'exécution des travaux les plus importants. Le Conseil général, non content d'avoir fait don d'un si bel édifice, vota une somme pour frais de premier établissement du séminaire ; et l'année suivante, il donna une nouvelle preuve de sa libéralité, en cédant le clos des anciens Augustins. Une souscription fut ouverte pour l'érection du nouvel autel, et plusieurs riches propriétaires du département s'empressèrent de concourir à une dépense qui devait compléter un monument cher aux amis de la religion et des beaux arts. Le clergé surtout montra un zèle et une générosité au-dessus de tout éloge. A l'exemple et sur l'invitation du premier pasteur, on vit tous les ecclésiastiques de ce diocèse s'imposer des sacrifices volontaires pour fournir à l'ameublement de la nouvelle maison. Plusieurs laïcs pieux voulurent aussi être associés à cette bonne œuvre et concourir par des dons gratuits à un établissement si précieux aux yeux de la religion. C'est aux pieds des autels, et par des prières journalières, que les bienfaiteurs du séminaire sont dédommagés de leurs sacrifices.

CHAPITRE XII.

Du cadran elliptique.

Sur l'esplanade, au-devant de l'église de Brou, on voit un grand cadran solaire, dont le P. Rousselet n'a fait qu'une mention très-imparfaite, et qui néanmoins mérite de fixer l'attention, tant par sa forme singulière et sa grande dimension, que par son antiquité et les savantes dissertations dont il a été l'objet.

Ce cadran, ou gnomon, est décrit horizontalement, en forme d'ellipse, dont la circonscription est formée par vingt-quatre cubes en pierres de taille, sur lesquels sont gravées en chiffres romains les vingt-quatre heures du jour et de la nuit, divisées en deux séries de douze heures chacune. Ces chiffres sont espacés inégalement entr'eux, selon les principes et calculs relatifs à la projection de l'ombre du style à chaque heure du jour.

Le grand axe de l'ellipse a environ 33 pieds ou 10 mètres, et se dirige de l'ouest à l'est; le petit axe est de 26 pieds 4 pouces, ou environ 8 mètres, entre les deux foyers, du nord au sud. Au centre de l'ellipse, est tracée une méridienne, sur une pierre d'environ 4 mètres de longueur sur 1 de largeur. De chaque côté de cette ligne sont gravées en deux colonnes les lettres initiales des douze mois de l'année, dont les distances inégales sont combinées avec le mouvement de la terre autour du soleil en chaque mois.

Ce qu'il y a de plus remarquable dans ce cadran, c'est qu'on n'y voit point de style. L'observateur qui veut connaître l'heure, doit se placer sur la lettre qui indique le nom du mois courant; son corps se convertit ainsi en une espèce de style dont l'ombre lui montre l'heure qu'il est. Si l'ombre atteint le milieu du numéro, alors on a l'heure précise; mais si elle s'en écarte plus ou moins, l'indication n'est plus parfaitement exacte, et l'on n'obtient que par approximation la connaissance des quarts ou de la demie, ayant ou après l'heure.

On voit par là que ce gnomon ne peut être employé pour des observations rigoureuses; mais qu'en se reportant à l'époque de sa construction, où les montres et les horloges étaient encore très-rares, il devait être regardé comme une invention très-ingénieuse et très-utile; qu'alors il pouvait suffire pour les usages ordinaires de la vie, pour les voyageurs qui passaient sur la route, pour la désignation des heures de travail et de repos des ouvriers. Quoiqu'on ne connaisse pas l'époque précise de sa confection, il paraît certain qu'il fut construit en même temps que l'église, ou même avant l'ouverture des travaux, et qu'il fut principalement exécuté pour régulariser la discipline et l'ordre parmi le grand nombre d'hommes qui y étaient employés (1).

Malgré son défaut de précision exacte, on ne peut s'empêcher de convenir que la conception de ce gnomon suppose dans son auteur des connaissances mathématiques et astronomiques déjà avancées pour le siècle où il fut mis à exécution. Sous ce rapport, il est réellement monu-

---

(1) On a vu dans le chapitre VIII de cette Histoire que le nombre des ouvriers montait à plus de 400.

mental, et atteste que Marguerite avait non-seulement réuni à Brou les plus habiles artistes de l'Europe, mais que parmi eux il se trouvait des hommes plus versés dans les sciences que cette époque ne pouvait le faire présumer. Ainsi l'on vit les sciences, comme les arts, concourir à l'embellissement de l'église, et ce monument astronomique peut être regardé comme un précieux accessoire qui ajoute un nouveau caractère de rareté aux divers chefs-d'œuvre qu'elle renferme.

L'horaire elliptique fut originairement construit en grandes et fortes briques, fabriquées à Brou, sur lesquelles les heures étaient marquées en relief. Ces briques avaient environ 2 pieds et demi de longueur sur plusieurs pouces d'épaisseur, et elles furent incrustées dans une forte maçonnerie en chaux maigre ; elles étaient, en outre, couvertes d'un vernis dur et vitreux, qui les garantissait de la pénétration de l'humidité ; mais comme elles se trouvaient exposées au passage continuel des hommes et des voitures, les chiffres furent effacés peu à peu ; et il n'est pas étonnant qu'après trois siècles de pareilles épreuves, ils soient devenus méconnaissables. Ils auraient enfin disparu entièrement, si l'astronome Lalande, craignant de voir abolir cet intéressant vestige astronomique, ne l'eût fait reconstruire à ses frais en pierres de taille très-solides. Avant cette restauration, le cadran était placé à une plus grande distance du frontispice et au centre de l'esplanade, ce qui produisait un effet plus agréable et projetait plus long-temps les rayons solaires sur l'ellipse. On ignore le motif qui détermina sa transposition contre le parvis et sous le frontispice de l'église.

On ne voit pas quel avantage a pu en résulter pour l'utilité ou pour la décoration : nous devons néanmoins croire que Lalande eut de bonnes raisons pour faire ce changement.

Le cadran de Brou appartient à la classe de ceux qu'on nomme *anatématiques* ou *azimutaux*, dont on peut voir la description avec la manière de les exécuter, dans la plupart des traités de gnomonique ; mais celui dont nous parlons présente une particularité digne de remarque. Les cadrans de cette forme ont tous un style fixe et immobile ; au lieu que dans celui-ci, le style change de point, selon le mois où l'on se trouve, et qu'il en changerait de même chaque jour, s'il était possible de donner à l'ellipse une dimension suffisante pour marquer les 365 jours de l'année. C'est peut-être le seul de cette espèce qui existe : du moins aucun des auteurs que nous avons consultés sur cette matière ne fait mention de l'existence d'un semblable cadran en d'autres lieux.

Plusieurs savants modernes ont parlé de ce gnomon. Lalande est le premier qui en ait donné la description, et qui ait cherché à l'expliquer mathématiquement dans un mémoire intitulé : *Problême de Gnomonique..... Tracer un cadran anatématique, azimutal, horizontal, elliptique, dont le style soit une ligne verticale indéfinie.* Ce mémoire fut inséré dans le recueil de ceux de l'Académie des Sciences, pour l'année 1757. L'auteur y ajouta ensuite de nouveaux développements dans la trop fameuse *Encyclopédie métho-dique*, aux mots *gnomon* et *gnomonique*. On trouve aussi dans la *Biographie universelle*, tome XXII, article *Lalande*, une discussion intéressante sur le cadran de Brou, par M. de Lambre, secrétaire perpétuel de l'Académie des Sciences. Ce savant écrivain dit que pour connaître l'heure par le moyen de ce gnomon, « l'observateur doit se placer sur des points *marqués pour les différents jours de l'année.* »

Il est aisé de voir qu'il s'est glissé ici une erreur, et qu'on a, par inadvertance, substitué le mot *jours* à celui de mois, puisqu'il n'existe que douze points de position, lesquels désignent les douze mois de l'année, et que l'intervalle qui sépare les initiales de chaque mois n'étant que d'un pied ou d'un pied et demi, ne suffirait pas pour qu'on pût y intercaller au moins trente positions différentes.

M. Riboud a aussi donné la description et l'exposé historique de ce cadran dans les *Considérations sur les monuments de Brou*. C'est ce que nous avons de plus exact sûr ce monument astronomique; et nous devons avouer que le peu que nous en avons dit est tiré de cet intéressant écrit, ainsi que plusieurs des notes que nous avons ajoutées à l'*Histoire de Brou*. Nous n'avons fait en cela qu'user de la faculté que l'estimable auteur a bien voulu nous donner.

CHAPITRE XIII.

Des dernières et importantes restaurations faites à l'église de Brou.

En 1843 commencèrent les réparations que nécessitait l'état alarmant de la partie supérieure de la tour du clocher. La voûte qui la fermait, lézardée en tous sens, menaçait d'entraîner par sa chute les étages inférieurs, et laissait pénétrer dans toutes les parties du clocher les eaux pluviales, dont l'action incessante activait la désorganisation des matériaux.

Les travaux de consolidation qui furent entrepris à cette époque, habilement dirigés par M. Dupasquier, architecte de Lyon, n'ont pas seulement obvié aux dangers du moment, ils ont encore préparé une restauration plus importante pour l'avenir, l'érection d'une nouvelle flèche.

La reconstruction de la voûte a été étudiée de manière à servir de base à l'établissement d'une flèche en pierre, évidée à jour et à huit pans. La plate-forme en dalles, destinée à garantir pour le moment le beffroi et la sonnerie, a été disposée pour servir plus tard à empêcher les eaux pluviales, passant par les ouvertures de la flèche, de pénétrer à l'intérieur de la tour.

Ces travaux ont été exécutés par le sieur Vavre, entrepreneur de Bourg-en-Bresse. Ils ont entraîné la réfection des galeries et des choux qui la surmontent, des culs-de-lampe et de la corniche du couronnement. Les sculptures de ces restaurations ont été faites par M. Regembal, sculpteur de Bourg, et qui depuis a été représentant de l'Ain à l'Assemblée Constituante de 1848.

Bien qu'à des époques antérieures des restaurations partielles aient successivement effacé les injures du temps sur ce monument, cependant peu ancien, l'église de Brou n'a pas tardé à présenter des signes d'une décadence précoce, qui ont éveillé la sollicitude de tous les artistes, pour le gracieux édifice qui est comme la dernière expression de l'art ogival en France. Ces dégradations anticipées, ces désordres inquiétants tenaient à des causes faciles à expliquer. Placée dans les champs, en dehors de cette surveillance constante, de cette sauvegarde publique qui fait respecter les monuments de nos villes, entourée de murs trop rapprochés qui entretiennent autour d'elle une humidité constante, il était difficile que cette église ne subit pas les résultats d'une position aussi défavorable. La nature gélive des matériaux, les joints nombreux et grossièrement faits de tous les appareils; la chétive dimension de ces appareils, disposés en simple plaquage, dans un grand nombre de cas, avaient encore augmenté ces dégradations que la vétusté du monument n'expliquait pas, mais qui inquiétaient l'esprit en attristant le regard.

Le portail principal était la partie la plus endommagée. Les réparations successives opérées sur les galeries avaient été faites de telle sorte, que les eaux pluviales avaient pu pénétrer à l'intérieur des massifs et les avaient détruits. L'arc de ce portail s'était abaissé de douze centimètres dans sa patrie centrale. La galerie à jour qui le surmonte avait suivi ce mouvement. La plate-forme de la deuxième galerie se trouvait dans le même cas. La façade, au midi, placée et construite dans des conditions analogues, avait son portail dans le même délabrement. Un grand nombre de belles verrières du chœur et des chapelles latérales ne tenaient plus dans leurs plombs complètement détériorés. De grandes mutilations avaient été faites aux sculptures extérieures. Il était urgent de parer à un tel état de choses. Le gouvernement, dans sa sollicitude, n'a pas hésité à disposer de fonds considérables pour la conservation d'un monument aussi remarquable.

Les travaux de restauration ont été repris en 1849, toujours sous la direction éclairée de M. Dupasquier.

Un vaste échafaudage a d'abord enveloppé toute la façade principale. Les galeries en pierre blanche, composées l'une de soixante-et-douze morceaux, l'autre de soixante-neuf, ont été remplacées par des galeries en pierre dure, calcaire, dont l'appareil se réduit à trois ou quatre morceaux. Le rejointement des pierres qui n'offraien aucune dégradation, et le changement des parties qui ont souffert des injures du temps, ont été heureusement opérés. Des fleurons, des choux, des pendentifs, des rinceaux, également endommagés, ont été habilement moulés d'abord et rigoureusement reproduits. La sculpture des galeries a été confiée à M. Regembal; son ciseau a triomphé avec succès de toutes les difficultés qu'elle présentait. Parmi les sculpteurs employés aux autres travaux, on a remarqué encore un enfant du pays, M. Larose qui, après s'être exercé dans sa jeunesse à mouler et tailler des figurines, est arrivé à manier le ciseau et à fouiller la pierre avec une grande habileté.

Les blocs de pierre qui ont servi à la reconstruction du portail, étaient tous de forte dimension et d'une belle qualité. Une grande quantité de niches, de feuillages, de rinceaux, de figurines, mutilés par le temps ou les révolutions, ont été remplacés avec bonheur et habileté : de telle sorte que l'édifice présente aujourd'hui aux regards étonnés une façade pleine de fraîcheur et comme sortant de la main des premiers ouvriers.

Enfin, le 12 octobre 1851, une imposante cérémonie a eu lieu devant l'édifice pour la pose et la bénédiction de la dernière pierre placée sur la façade occidentale. Des discours ont été prononcés.

La bénédiction a été faite par Mgr Devie. Une inscription a conservé le souvenir de cette partie importante de la restauration de Brou, opérée aux frais de l'Etat — sous LE PONTIFICAT DE PIE IX, SOUS LA PRÉSIDENCE DE LOUIS-NAPOLÉON BONAPARTE, M. DE CHANAL ÉTANT PRÉFET DE L'AIN ; — MGR DEVIE, ÉVÊQUE DE BELLEY, MGR CHALANDON ÉTANT COADJUTEUR DU DIOCÈSE.

Les travaux avaient été commencés sous M. Perrodin,

alors supérieur du Grand-Séminaire, et ont été continués sous M. Vuillod, supérieur actuel.

CHAPITRE XIV.

Des cavaux de l'église de Brou. — Cérémonie funéraire pour la translation dans de nouveaux cercueils des restes mortels des prince et princesses de la maison de Savoie déposés dans l'église de Brou. — Procès-verbal de la reconnaissance des sépultures: 1º de Marguerite de Bourbon, duchesse de Savoie; 2º de Philibert-le-Beau, duc de Savoie; 3º de Marguerite d'Autriche, sa femme, et de la translation dans de nouveaux cercueils des restes mortels des deux princesses.

Le 17 septembre 1856, on mit à découvert la crypte funèbre où étaient déposés les cercueils de Marguerite de Bourbon, de Philibert-le-Beau et de Marguerite d'Autriche, reposant sous le pavage même du chœur qui supporte les trois mausolées, chef-d'œuvre des arts; au-dessus leurs images en marbre, les regards attachés l'un sur l'autre; au-dessous, sont leurs dépouilles mortelles réunies dans des cercueils reposant sur des chevalets en fer.

Mais si le temps respecte le marbre de leurs tombeaux, l'oxydation produite par le fer allait amener la chute complète des cercueils et les réduire en poussière.

Retarder autant que possible cette destruction était un devoir, et il a été accompli.

Le cercueil de Philibert-le-Beau, solidement enveloppé d'une feuille de plomb, a le mieux résisté aux ravages

du temps; mais ceux des princesses, brisés et ouverts,
devaient être entièrement remplacés : c'est ce qui a été
fait avec tout le soin possible, en présence d'une commission formée d'hommes distingués. Les ossements, pris
un à un par un médecin, ont été rangés dans les cercueils
neufs, et cela dans le même caveau où ils reposaient
depuis plus de trois cents ans.

Aussi n'est-ce pas sans un saint respect que l'on pénétrait
dans cet asile de la mort où tout attestait la piété la plus
filiale. Sur les murailles il y avait les dates de décès des
illustres personnages, quelques signes symboliques des
ouvriers de l'heure dernière, et tout était dit. Le caveau
était intact; il avait été soigneusement fermé : c'était le
temps de ces espérances éternelles qui seules pouvaient
faire ciseler ainsi le marbre des tombeaux et tisser la
pierre comme un voile de dentelles.

Le 2 décembre 1856 était donc le jour de la translation
des cercueils et de la rénovation des funérailles des prince
et princesses de la maison de Savoie.

D'immenses et imposants préparatifs avaient été faits
pour donner à cette cérémonie toute la pompe qu'elle
comportait.

L'architecte du monument en avait très-habilement
fait ressortir les beautés architecturales dans l'heureuse
disposition de ses ornements de deuil.

Sur l'esplanade de l'église flottaient des oriflammes
élevées dans les airs; sur les diverses galeries de la façade
avaient été hissés les drapeaux français, sarde et autrichien,
l'aigle de la France nouvelle et l'écusson aux armes de
Napoléon.

A l'intérieur et pour la première fois peut-être les
tentures de deuil venaient enlacer la blanche pierre de la

6

nef et les nervures des piliers; partout se voyaient des écussons aux armes d'Autriche, de Savoie et de Bourgogne. Dans la chapelle mortuaire, l'oriflamme de Saint-Denis était suspendu aux voûtes.

Le chœur et l'abside étaient aussi pavoisés de nombreux drapeaux et de trophées attestant les alliances anciennes et modernes.

Des lustres, des candélabres décoraient les différentes parties du chœur. La chapelle de la princesse était complètement tendue de noir, et celle de la Vierge, ornée de son rétable d'une richesse incroyable, où la lumière arrive par un vitrail si splendide, était transformée en chapelle ardente, où les cercueils étaient déposés.

Le 1er décembre, les nouveaux cercueils qui avaient reçu scrupuleusement les ossements des princesses ont été fermés en présence d'une commission formée de M. le préfet de l'Ain, de M. le comte Somis de Chiavrie, de Mgr l'évêque de Belley, de M. le secrétaire-général de la préfecture, de M. le président du tribunal, de M. le procureur impérial, de M. Jules Baux, archiviste du département et historien de l'église, de M. le Dr Dupré, et de M. Dupasquier, architecte.

Puis les cercueils ont été portés processionnellement dans la chapelle ardente, au milieu des chants graves de la religion, par le clergé de Brou. Cette cérémonie aux flambeaux, sous des voûtes tendues de noir, dans ce riche et mélancolique sanctuaire, causait une impression élevée et lugubre à la fois.

Le lendemain matin, jour fixé pour la solennité publique, le faubourg conduisant à Brou était sillonné par les personnes arrivant de côtés divers, malgré la neige qui avait couvert la terre d'un linceul blanc pour mieux l'associer aux funérailles de Marguerite d'Autriche.

Dans le sanctuaire avaient pris place la magistrature en robes, les membres du conseil général, la mairie de Bourg, les membres du conseil municipal et les officiers de l'armée.

La garnison en grande tenue était rangée dans la nef principale. La musique du 15e de ligne, arrivée la veille de Lyon, était placée dans une chapelle latérale et faisait entendre des symphonies.

Enfin, à onze heures, le cortège officiel, précédé de la gendarmerie, a fait son entrée dans la royale basilique, au bruit des tambours et des clairons.

En tête étaient M. le préfet de l'Ain et M. le comte Somis de Chiavrie, délégué de S. M. le roi de Sardaigne, et portant tous deux les insignes de divers ordres dont ils sont décorés. Après eux venaient M. le comte de Jonage, président du conseil général et député au Corps Législatif; M. Bodin, député, tous deux en costume; le conseil de préfecture, MM. les sous-préfets des arrondissements, les directeurs des principales administrations, les chefs des services départementaux avec leurs costumes officiels.

M. le maire de Bourg et M. l'adjoint en costume avaient, dans le cortège, la place qui convenait aux édiles de la cité.

Dans le jubé, dans les tribunes qui entourent l'église, la nef et les bas-côtés, partout il y avait une affluence considérable et beaucoup de dames.

Mgr l'évêque de Belley, suivi de ses grands-vicaires, des professeurs du Grand-Séminaire, des chanoines d'honneur et d'un nombreux clergé, étaient placés à côté du maître-autel et dans l'abside; les séminaristes occupaient leurs stalles qui sont, comme on sait, des prodiges de la plus fine sculpture sur bois.

La grand'messe a été célébrée par M. Vuillod, supérieur du Grand-Séminaire, en face peut-être du plus brillant cortège qui se soit rencontré dans cette même enceinte depuis le jour où des délégués de Charles-Quint vinrent y recevoir, avec toute la population de la cité, les dépouilles mortelles de Marguerite d'Autriche.

Pendant le service, la Société chorale de Bourg, des chœurs de séminaristes alternaient leurs chants religieux avec les symphonies de la musique militaire.

A la fin de la messe, Mgr Chalandon, vêtu de ses beaux ornements pontificaux, a gravi les marches du maître-autel, et a prononcé devant l'auditoire attentif une allocution heureusement inspirée par l'histoire, par la reconnaissance et par l'éclat de cette auguste solennité. — Nous sommes heureux de pouvoir reproduire plus loin et dans son entier le beau discours de Mgr Chalandon, qui a été écouté avec une touchante attention.

Après son allocution, Mgr l'évêque a fait l'absoute; puis les cercueils ont été enlevés de la chapelle ardente et portés processionnellement par des séminaristes. Les couronnes ducales, placées sur des coussins d'or et de soie, étaient aussi portées par de jeunes lévites du Seigneur. Le cortège, au milieu des chants graves et religieux, est sorti par la nef septentrionale et est rentré dans le chœur par la nef orientale, en traversant les rangs de la foule impressionnée.

Enfin les cercueils, décorés des écussons des prince et princesses, ont été descendus dans le caveau provisoire qui leur avait été préparé.

Toutes les personnes composant le cortège principal et l'assistance ont pu se rendre ensuite dans une salle du Grand-Séminaire.

Là, M. le comte Somis de Chiavrie, a prononcé

un discours qui témoigne de la reconnaissance pour le gouvernement et reflète avec bonheur son admiration pour notre église de Brou, dépôt sacré de la maison de Savoie. M. le comte de Somis a terminé par le cri de *vive la France!* — On lui a répondu par le cri de *vive la Savoie!*

M. le comte E. de Coëtlogon a répondu au délégué du roi de Sardaigne.

A la sortie de cette solennité, le vaste faubourg Saint-Nicolas présentait une animation nouvelle pour le pays; il était couvert d'équipages, de voitures particulières, de fonctionnaires aux costumes brodés d'or et d'argent, d'étrangers venus de tous pays. La gendarmerie à cheval a escorté les voitures des autorités et hauts fonctionnaires jusqu'à la préfecture.

Notre belle compagnie des pompiers, qui occupait dignement sa place dans le cérémonial, escortait les autorités municipales et les officiers en retraite qui s'étaient joints au cortége.

S'il est vrai que les peuples s'honorent en honorant les morts, une bonne part en revient à ceux qui ont si bien préparé et dirigé la rénovation de ces belles funérailles. Et cela était bien dû à cette noble princesse de la maison de Bourbon, qui fit le premier vœu d'ériger Brou pour rappeler son époux à la vie, au noble prince Philibert-le-Beau, qui aimait ce pays en deçà de l'Ain, où il est mort et où il a été déposé, et à cette digne Marguerite qu'on a appelée le vrai grand homme de la famille et le fondateur de la maison d'Autriche; c'est elle qui prit soin de ses morts chéris, en leur faisant de magnifiques cénotaphes et un temple de marbre brodé avec une finesse inouïe.

Remercions-les bien d'avoir choisi ce petit espace aux portes de notre ville, aujourd'hui terre de France, pour y élever cette basilique, notre orgueil et notre plus beau fleuron. Le monde artistique nous l'envie et vient chaque jour l'étudier et l'admirer : elle est sous la garde d'un peuple qui sait respecter le culte des tombeaux et le culte des arts.

Discours prononcé par Mᵍʳ l'évêque de Belley pour le service de Marguerite d'Autriche, à Brou, à l'occasion de la découverte du tombeau de cette princesse.

FORTUNE. INFORTUNE. FORT. UNE.

« Ce que nous disent les dentelles de pierre suspendues à tous les murs de ce monument, la mort nous le répète en ce moment d'une manière bien frappante. Cette *fortune* qui *infortune* si *fort une* princesse qui semblait à tous les titres mériter d'être heureuse, ne s'est pas arrêtée, pour la poursuivre, à la porte de son tombeau ; elle y est entrée pour l'*infortuner* encore. Pendant sa vie, Marguerite d'Autriche a rencontré tout ce qui promet le bonheur, et ce bonheur s'est toujours enfui loin d'elle, à l'instant où elle croyait le saisir : *Fortune infortune fort une.*

« Fiancée de Charles VIII, elle voit Anne de Bretagne lui enlever la couronne de France ; épouse de don Juan de Castille, elle est privée, après quelques mois de mariage, et du prince qu'elle aimait et du trône de Ferdinand et d'Isabelle ; unie à Philibert-le-Beau, duc de Savoie et souverain de notre Bresse, elle est bientôt condamnée à un nouveau veuvage ; et, comme Salomon s'écriant au milieu de sa prospérité : *Vanité des vanités, tout n'est que vanité,* la fille de Maximilien, malgré son illustre origine, ses brillantes alliances, ses riches revenus, les dons de la nature, les ressources de l'esprit, l'amour de ses sujets, la reconnaissance des beaux-arts, ne trouve pour raconter l'histoire de sa vie qu'une triste plainte à pousser : *Fortune infortune fort une.*

« Au moins, dans ce magnifique tombeau, pensait-elle trouver un asile assuré contre de nouvelles rigueurs ; mais la *fortune* l'*infortune fort une* fois encore, et quand naguère nous avons pénétré dans ce caveau, qu'avons-nous trouvé ? Pas même un cadavre, pas même un cercueil, pas même des ossements entiers, mais à peine quelques débris méconnaissables et un peu de poussière. Voilà tout ce qui reste de très-haute et puissante princesse Marguerite d'Autriche, dauphine de France, princesse et douairière d'Espagne, duchesse de Savoie et souveraine de Bresse : *Fortune infortune fort une.*

« Mais pourquoi aussi, Messieurs, s'adresser à la fortune ? La renaissance voulait ressusciter cette vaine idole du paganisme et cacher une idée fausse et anti-chrétienne sous les belles et agréables formes rapportées de la Grèce et de l'Italie. O fortune, tu n'es que néant, tu n'existes pas, tu serais la négation de la Providence ! qui s'appuie sur toi ne peut être qu'un infortuné, et ce qui devait donner à Marguerite un juste sujet d'espérance, ce qui devait illustrer son nom sur la terre, ce qui devait glorifier son âme dans le ciel, ce n'était pas la *Fortune,* c'était la reconnaissance de Bourg, c'était la miséricorde de Dieu.

« Oui, Messieurs, honneur à la ville de Bourg ! je la remercie d'avoir été fidèle aux sentiments que notre généreuse princesse avait su inspirer à nos pères. Lorsqu'à une époque malheureuse, d'égarements et de démence, tant de villes ont profané les tombeaux de leurs bienfaiteurs et ruiné les monuments de leur propre gloire, Bourg a respecté la mémoire de Marguerite et de Philibert, et conservé leurs admirables mausolées. Notre-Dame de Brou n'a pas échappé malheureusement aux injures du temps ; elle n'a pas connu, du moins autant qu'un si grand nombre d'autres merveilles de l'art, les ravages de la main des hommes, et nous pouvons contempler encore et ses magiques verrières, et ses délicates sculptures, et ses gracieuses images fouillées dans le bois ou la pierre. La Bresse n'a pas élevé une statue à sa bienfaitrice, elle a fait davantage, elle a conservé courageusement cette statue déjà élevée par l'art ; elle a veillé respectueusement sur elle ; elle a protégé contre les barbares du XVIIIe siècle ces tombes ducales et les chefs-d'œuvre que la Flandre avait confiés à son amour pour ses princes.

« Le souvenir de Marguerite d'Autriche devient même de nos jours l'objet de la plus honorable comme de la plus universelle sympathie et des plus remarquables travaux. Un habile écrivain a transporté dans la riche élégance de l'histoire de son église quelque chose de la magnifique ornementation dont elle avait voulu enrichir ce monument ; un savant archéologue se prépare à nous expliquer les énigmes encore imparfaitement comprises que l'art a jetées avec tant de profusion sur ces murs ; l'architecte distingué, qui est venu puiser ici même les premières inspirations de son talent, a généreusement consacré ses veilles et sa fortune à reproduire la richesse, le goût et l'originalité de cet édifice dans ses dessins, objets naguère à l'exposition générale d'une distinction si flatteuse.

« Aujourd'hui même la cité tout entière se presse autour des cendres de son ancienne princesse, et après trois siècles et demi écoulés, les enfants de Bourg honorent unanimement par une fête de deuil celle que leurs pères honorèrent par des fêtes brillantes. A leur tête je vois leurs dignes magistrats et celui surtout qui, revêtu pendant quatre ans dans le département de l'autorité administrative, a su intéresser si justement le gouvernement de l'Empereur à la mémoire de Marguerite, et qui, au nom du pays, apporte à ce tombeau un touchant et dernier tribut de reconnaissance. Son séjour parmi nous, si court par le nombre des années, mais si riche par les œuvres auxquelles il a donné naissance, laissera dans l'histoire de cette église comme dans les cœurs de ses administrés un durable souvenir. Je me plais en même temps à contempler le noble représentant d'une puissance amie, plus distingué encore par ses qualités personnelles que par l'honorable mission qui lui est confiée, venant déposer près de ces cendres les hommages de son roi et ceux de sa nation, et pouvant reconnaître par notre accueil empressé que si la Savoie a conservé sur nos murs ses écussons, elle conserve aussi dans nos cœurs français d'affectueuses sympathies.

« L'Ecriture-Sainte nous rapporte que les dépouilles mortelles d'Elisée ayant été jetées dans un ancien tombeau, celui qui y avait été inhumé ressuscita au contact des ossements du prophète et revint à la vie.

« Puisse la cérémonie de ce jour renouveler le prodige ! Que les restes de Marguerite et de Philibert que nous avons retrouvés et auxquels nous venons rendre une seconde fois les derniers devoirs, appellent sur notre église la généreuse attention des ministres de l'Empereur : que ce monument trop long-temps négligé sorte enfin de ses ruines et participe à la résurrection générale des édifices

6*

sacrés que nous devons à la munificence éclairée d'un gouvernement réparateur.

« La Bresse, heureuse d'être française, compte sur la France pour acquitter envers son auguste bienfaitrice la dette de sa reconnaissance; et la France ne pourra pas demeurer sourde à l'appel que nous faisons à son amour des arts et à son respect pour toutes les gloires.

« Mais que sont, après tout, ces témoignages de la reconnaissance des hommes? C'était en Dieu que Marguerite avait sagement placé sa confiance; et en faisant élever ces tombes si magnifiques à Philibert son époux, à Marguerite de Bourbon sa belle-mère, à elle-même, elle avait voulu qu'elles fussent entourées de prières, et que de continuelles supplications attirassent sur ceux qui n'étaient plus de ce monde les bénédictions qui purifient dans un autre monde. Durant trois cents ans, de pieux religieux ont rempli ses intentions; maintenant les jeunes élèves du sanctuaire leur ont succédé et continuent avec une égale ferveur le sacrifice de leurs prières, et aujourd'hui, vous-mêmes, mes frères, n'êtes-vous pas venus vous y associer? Que le Ciel entende tous ces vœux, et que nos pieux fondateurs reposent en paix! Paix à leurs cendres dans leurs tombeaux restaurés! Paix à leurs âmes dans le sein de Dieu!...

« Je l'espère, depuis long-temps ces âmes ont été pardonnées des fautes qu'elles pouvaient avoir encore à expier au sortir de la vie; mais que nos prières montent néanmoins vers le Seigneur; elles attireront sa miséricorde sur ceux dont Marguerite sur la terre protégea les pères et que dans le Ciel elle doit aimer à protéger eux-mêmes. Que la France et la Savoie, naguère associées dans la victoire, et aujourd'hui réunies près d'un tombeau, recueillent ensemble les grâces qui rendent les peuples heureux en leur donnant une foi plus abondante, des mœurs plus pures, une obéissance plus complète aux commandements de Dieu et de l'Eglise, une soumission plus entière à leurs propres lois, une charité plus parfaite envers tous. Qu'elles vérifient le sens ingénieux et probable que donne à la devise de la Savoie, FERT, si souvent reproduite sur nos murs et nos verrières, le savant historien de notre église de Brou, *Fide et Religione tenemur.* Qu'en profitant des avantages d'une durable alliance, qu'en se soumettant aux préceptes d'une religion commune, leurs enfants mêlent ensemble et leurs peines et leurs joies !

« Que la Bresse, qui, d'après un ancien historien, *fut par les grâces et vertus de Marguerite contournée en plénitude fertile,* ait toujours à se réjouir de l'abondance de ses récoltes et de la piété de ses habitants ! Que la ville de Bourg, qui, sur la médaille d'or qu'elle faisait frapper à l'occasion du mariage de Philibert et de Marguerite, inscrivait cette légende si chrétienne : *Gloire à Dieu et paix aux hommes,* rende elle-même toujours cette gloire à Dieu, conserve elle-même toujours cette paix à ses enfants ! Et que nous tous, mes frères, nous emportions de cette grave cérémonie la résolution de ne plus placer qu'en Dieu seul notre confiance et notre espoir ; car, pour quiconque s'éloigne de lui, quiconque s'appuie sur les choses humaines, il ne reste que la devise de Marguerite :

« FORTUNE. INFORTUNE. FORT. UNE. »

Discours prononcé dans l'église de Brou, le 2 décembre 1856, à l'occasion de la rénovation des cercueils de Marguerite de Bourbon et de Marguerite d'Autriche, par M. le comte Somis de Chiavrie, intendant-général, premier officier à la secrétairerie royale de la grande maîtrise de l'ordre des SS. Maurice et Lazare, membre de la députation royale pour les études de l'histoire nationale, délégué par S. M. le roi de Sardaigne comme représentant de son gouvernement dans la cérémonie.

« Messieurs,

« Après les paroles touchantes et sympathiques que vient de faire entendre votre vénérable prélat, je désirerais pouvoir le remercier dignement des vives émotions qu'il a fait naître dans mon cœur ; mais il est des sentiments qu'aucune expression ne peut reproduire, ou du moins, Messieurs, une pareille tâche est au-dessus de mes forces, et ce n'est pas sans un profond regret que je me vois contraint de la laisser à une bouche plus exercée, plus éloquente que la mienne.

« Messieurs, S. M. le roi de Sardaigne, mon auguste souverain, a daigné me confier l'honorable mission de représenter son gouvernement dans les cérémonies mémorables qui viennent de s'accomplir. Cette importante mission me procure la faveur précieuse d'entrer en rapport avec tant de personnages éminents par le talent, le rang, les vertus et par leur culte pour les souvenirs de notre histoire ; je dis de notre histoire, Messieurs, car dans ce monument somptueux tout atteste la communauté de notre origine, et permettez-moi d'ajouter, de nos liens de famille.

« Ce n'a pas été sans une profonde émotion, Messieurs,

que j'ai visité les merveilles de cette église conservée et entretenue avec un soin si louable et si généreux par la France et particulièrement par les habitants de cette ville. Dans le luxe de son architecture, dans les détails si admirables de son administration, j'ai retrouvé avec bonheur un nouveau témoignage de la munificence et de la piété de nos princes, sentiments qui, à toutes les époques, ont signalé leur noble et antique race à l'admiration du monde.

« J'ai donc un grand devoir à remplir, Messieurs, c'est de faire parvenir à S. M. l'empereur Napoléon III la reconnaissance de mon auguste souverain pour la haute et bienveillante sollicitude qu'il a daigné apporter à conserver à la postérité les restes vénérés de deux membres illustres de l'auguste maison de Savoie.

« Le génie a ce privilége, Messieurs, que rien n'échappe à sa vue et à son action. Ainsi la même main qui a rendu à la France sa prospérité et ses gloires traditionnelles, est celle que nous retrouvons dans l'œuvre réparatrice qui nous a réunis dans cette enceinte.

« Qu'il me soit donc permis d'exprimer ici, avec toute l'effusion de mon cœur, les sentiments de gratitude de mon roi et de mon pays pour la personne auguste de S. M. l'empereur des Français, et de le féliciter en même temps d'avoir été secondé avec tant d'habileté par le premier administrateur de ce département, dont on ne saurait trop louer le zèle éclairé et la parfaite bienveillance. Félicitons-nous aussi, tous ensemble, Messieurs, que cet incomparable monument de Brou ait trouvé parmi vous un si distingué historien, aussi élégant que fidèle, et un architecte plein de zèle et d'intelligence.

« Puissent les âmes de ces princes de Savoie, objets de

soins si touchants, faire descendre du haut des cieux
sur la France et sur cette ville en particulier, les plus
abondantes bénédictions! Puisse aussi la protection divine
qui seule conserve les empires, accorder de longs jours
à son glorieux et magnanime empereur.

« *Vive la France! Vive l'empereur!* »

M. de Coëtlogon, préfet de l'Ain, a répondu en ces
termes :

« Monsieur le comte,

« Je ne puis être que très-vivement touché du noble
langage que vous venez de faire entendre à cette assemblée ; on ne pouvait mieux que vous ne l'avez fait,
caractériser les actes et les intentions généreuses de
l'empereur dans toutes les circonstances, et spécialement
dans celle qui nous procure l'honneur de vous posséder
au milieu de nous. L'intérêt et l'affection que S. M.
l'empereur porte au noble et valeureux chef de la maison
de Savoie viennent de se manifester hautement dans ces
solennités auxquelles votre présence, M. le comte, a
donné un si grand lustre. Ce sont là, je suis heureux de
le proclamer, des gages assurés de l'alliance intime et
durable qui existe entre le Piémont et la France. Un si
heureux résultat est l'objet de nos vœux et nous vous
prions d'en transmettre l'expression à S. M. le roi Victor-
Emmanuel. Quant à vous, M. le comte, vous emporterez
ce témoignage qu'en mon nom, comme en celui de tous
ceux qui ont eu l'honneur de vous approcher et de vous
entendre, nous conserverons le souvenir ineffaçable de la
haute distinction de votre esprit, et de la vive et profonde
sympathie que vous avez su nous inspirer. »

Procès-verbal de la reconnaissance des sépultures : 1° de Marguerite de Bourbon, duchesse de Savoie ; 2° de Philibert-le-Beau,
duc de Savoie ; 3° de Marguerite d'Autriche, sa femme, et de
la translation dans de nouveaux cercueils des restes mortels
des deux princesses.

L'an 1856 et le 1ᵉʳ du mois de décembre, à dix heures
du matin, en présence de M. le comte Somis de Chiavrie,
intendant-général, premier officier de la secrétairerie de
la grande maîtrise de l'ordre équestre des SS. Maurice
et Lazare, délégué par S. M. le roi de Sardaigne
Victor-Emmanuel II, pour assister au renouvellement des
obsèques du prince et des princesses de la maison de
Savoie, dont les corps reposent dans l'église de Brou, près
Bourg - en - Bresse ; et aussi en présence des membres
composant la commission spéciale nommée par M. le
comte de Coëtlogon, préfet de l'Ain, ci-après dénommés :
M. le comte de Coëtlogon, préfet de l'Ain ;
Mgr l'évêque de Belley ;
M. Bernard (Charles), maire de la ville de Bourg ;
M. Favre-Gilly, président du tribunal ;
M. Jeandet, procureur impérial ;
M. de Ville Suzanne, secrétaire général de l'Ain ;
M. le docteur Dupré ;
M. Louis Dupasquier, architecte diocésain ;
M. Pourroy-Lauberivière, comte de Quinsonas ;
M. Jules Baux, archiviste du département, secrétaire-
rapporteur de la Commission.
M. Louis Dupasquier, architecte diocésain, a fait enlever
les dalles qui recouvrent l'escalier du caveau renfermant
les cercueils : 1° de Marguerite de Bourbon, duchesse de
Savoie, mère de Philibert-le-Beau, morte de phthisie au

château du Pont-d'Ain, le 24 avril 1483; — 2° du duc Philibert-le-Beau, aussi décédé au château du Pont-d'Ain, le 10 septembre 1504; — 3° de Marguerite d'Autriche, décédée à Malines, le 1er décembre 1530, transportée en 1532 à Bourg où le cercueil qui renfermait ses restes mortels arriva le 9 juin de la dite année.

La commission, à laquelle s'était réuni M. le comte Somis, après être descendu dans le caveau, a entendu la lecture du procès-verbal de la fouille pratiquée le 17 septembre 1856, dans le but de trouver la place occupée par les cercueils des trois personnages susnommés.

Du rapport lu à la commission par M. l'architecte diocésain, il résulte que le 17 septembre 1856, à quatre heures et demie du soir, le caveau placé dans le chœur, immédiatement au-dessous du mausolée de Philibert, renfermant les corps de Philibert-le-Beau, duc de Savoie, de la princesse Marguerite de Bourbon, sa mère, enfin celui de Marguerite d'Autriche, sa femme, a été ouvert en présence de M. le comte de Coëtlogon, préfet de l'Ain, chevalier de la Légion-d'Honneur, etc., etc.; de Mgr Georges-Claude-Louis-Pie Chalandon, évêque de Belley, chevalier de la Légion-d'Honneur, assisté de M. Vuillod, vicaire général et supérieur du Grand-Séminaire; de M. Didron (Adolphe), chevalier de la Légion-d'Honneur, directeur des Annales archéologiques, occupé d'un travail historique et descriptif sur l'église de Brou; de M. l'abbé Jayr (Anselme), chanoine honoraire de Troyes et desservant de Saint-Remy, canton de Bourg; enfin de M. Louis Dupasquier, architecte diocésain de Belley, remplissant les fonctions de secrétaire, assisté de M. Eugène Chanut, entrepreneur des travaux du séminaire. Les susnommés étant descendus dans ce caveau y ont trouvé trois cercueils revêtus de plomb, reposant sur chevalets en fer; le premier et le plus important, placé au centre, contenant le corps de Philibert-le-Beau ; le cercueil au midi, le corps de Marguerite de Bourbon, sa mère ; enfin celui au nord, les restes de Marguerite d'Autriche, sa femme; des inscriptions gravées sur l'enveloppe en plomb des deux premiers cercueils et sur plaque en cuivre pour le dernier. Après cette description sommaire, il a été décidé que le caveau serait refermé immédiatement pour être ouvert de nouveau en présence de M. le préfet de l'Ain et de Mgr l'évêque de Belley ou de leurs délégués, afin de donner au secrétaire, M. Dupasquier, la facilité de dessiner et mesurer en détail le caveau et les cercueils, et puis estomper et calquer les différentes inscriptions ci-dessus relatées. En foi de quoi, etc., etc.

Il nous a paru nécessaire de reproduire la substance du procès-verbal du 17 septembre dernier pour concentrer et fondre dans ce rapport l'ensemble de ce qui a été fait pour arriver au but que l'on s'est proposé dans le principe et qui consistait à rechercher la place occupée dans le chœur de l'église par la sépulture de Philibert-le-Beau, et des deux princesses, Marguerite de Bourbon, sa mère, et Marguerite d'Autriche, sa femme, découverte faite le 17 septembre, ainsi que le constate le procès-verbal du même jour ci-dessus relaté.

Après la découverte du caveau contenant les trois sépultures ducales, il restait à rechercher les moyens de réparer, autant que faire se pourrait, les ruines occasionnées par l'action du temps, l'humidité et l'imperfection des mesures prises dès l'origine pour assurer la conservation des corps et des cercueils qui les renferment. Telle a été la mission confiée à la sollicitude de la commission nommée par M. le préfet, et notre procès-verbal de ce jour va reproduire avec détail ce qu'elle a cru devoir faire pour la remplir de son mieux.

En premier lieu, la commission arrête que les restes des deux princesses contenus en partie dans leur cercueil respectif, en partie gisants sur le sol, pêle-mêle avec un amas de matières diverses, décomposées et inappréciables, provenant soit des cercueils en bois tombés en dissolution, soit de plantes, résines ou autres substances ayant servi à l'embaumement, soit enfin des linceuls en toile ou en cuir de vache, seraient placés dans deux cercueils provisoires préparés par les soins de M. l'architecte diocésain, après avoir été préalablement analysés et reconstitués dans leur ordre anatomique par M. le docteur Dupré. Nous allons présenter par ordre et avec détail le résultat de cette délicate et longue opération qui nous a occupé pendant six heures consécutives.

Au détail des opérations de la journée du 1er décembre, nous joindrons une description sommaire du caveau funèbre, des trois cercueils qu'il contenait, et des objets dignes de remarque sur lesquels s'est porté l'attention de la commission.

CAVEAU FUNÈBRE.

Ce caveau a été dès le principe mesuré et préparé pour recevoir, à l'exclusion de tous autres, les cercueils des trois personnages dont les noms et la date des décès ont été déjà relatés. Il accuse, par sa forme et sa dimension, le dessein bien arrêté par Marguerite d'Autriche de n'y admettre que les trois personnages à qui la pensée de la construction de l'église a été commune et qui se sont

mutuellement transmis l'exécution du vœu formé par
Marguerite de Bourbon, vœu, comme on le sait, accepté
par Philibert-le-Beau, son fils, et réalisé par Marguerite
d'Autriche, qui apporta à son exécution toute l'étendue
de sa munificence, toute la puissance de l'amour conjugal
et les incomparables richesses de son esprit. Les cercueils
de ces trois personnages si chers à nos souvenirs, occupent
et remplissent l'espace entier du caveau, à l'exception
d'un étroit couloir ménagé le long des murs, qui offre à
peine la place nécessaire pour circuler autour. Une circonstance qui fortifie l'opinion que nous venons d'émettre
sur l'intention préconçue et évidente de la fondatrice de
Brou, c'est qu'il existe dans la partie latérale du chœur
d'autres caveaux dont l'accès et l'ouverture sont disposés
en sens inversé du caveau des *fondateurs*. Ces caveaux
supplémentaires ont été très-probablement destinés à
recevoir les dépouilles mortelles des princes et princesses
de la maison de Savoie qui viendraient à décéder à Bourg
ou au Pont-d'Ain, lieux qui, suivant les témoignages de
l'histoire, ont été la résidence favorite et prolongée de
plusieurs membres de cette auguste et antique famille.
Nous passons maintenant à l'examen des cercueils et à la
description de leur contenu. Nous commencerons par celui
de Marguerite de Bourbon, la première en date dans
l'ordre nécrologique, lequel occupe la partie méridionale
du caveau.

CERCUEIL DE MARGUERITE DE BOURBON.

Ce cercueil a la forme d'un carré allongé, se rétrécissant
graduellement vers les extrémités inférieures. Il est en
bon état de conservation dans ses parties latérales et

supérieure. Sur cette dernière partie se trouve l'inscription suivante :

IHS MARIA S
MARGUERITE
DE BOURBON
1483
CE 27 AVRIL
FUT ESEVELIE

La paroi inférieure du cercueil n'existe plus à partir à peu près de la base de la poitrine jusqu'à son extrémité inférieure ; ces débris se trouvaient sur le sol, mélangés avec les parties du corps qu'elles devaient soutenir. La partie supérieure du cercueil ayant été dessoudée par des ouvriers ferblantiers, nous avons pu constater ce qui suit :

La tête de la princesse est intacte, bien conservée, et présente, à la réunion des deux pariétaux avec l'angle saillant de l'occipital, une petite mèche de cheveux châtains. Une grosse et une petite molaire manquent au maxillaire supérieur, du côté gauche.

Le maxillaire inférieur, intact, a conservé toutes ses dents, à l'exception d'une grosse molaire de chaque côté. Les trois premières vertèbres du cou sont séparées des autres parties. Les autres vertèbres du cou, avec la cage osseuse tout entière de la poitrine, l'humérus gauche, l'humérus, cubitus et radius droits, ne forment qu'un tout, que nous avons pu enlever en totalité et transporter en bloc du cercueil primitif au cercueil provisoire, au moyen d'une plaque de zinc glissée entre ces parties et la paroi du cercueil. Toutes les parties indiquées ci-dessus se trouvaient dans le cercueil. Nous avons ensuite recherché sur le sol les autres parties du corps de la Princesse et nous avons pu retrouver à travers les débris le radius et le cubitus du côté gauche en assez bon état de conservation. Pour compléter les membres supérieurs, nous n'avons retrouvé que quatre os du métacarpe et quatorze phalanges, dont deux onguéales. Nous n'avons pu trouver aucune trace des os du carpe. Nous avons recueilli quatre vertèbres lombaires intactes ; les os du bassin, sauf le coccix, sont parfaitement conservés et il a été facile de rétablir la totalité du bassin. Les deux fémurs, les deux rotules et les deux tibias sont d'une conservation parfaite. Le corps des deux péronés est intact, mais les extrémités articulaires ont complètement disparu. Pour les deux pieds, nous avons trouvé les deux calcaneum, dont on reconnaît encore la forme, les deux astragales, qui sont assez bien conservés, les deux scaphoïdes, dont on peut encore reconnaître la forme, le cuboïde du côté gauche, assez bien conservé, et quatre os cunéiformes déjà détériorés. Nous avons également pu retrouver sept os du métatarse et seulement cinq phalanges, dont deux des gros orteils.

CERCUEIL DE PHILIBERT-LE-BEAU.

Ce cercueil, en bon état de conservation, n'a pas été ouvert. Il a la même forme que celui de Marguerite de Bourbon, avec cette différence que ses dimensions, beaucoup plus étendues dans tous les sens, ont été calculées pour recevoir un corps de taille gigantesque. Voici comment peut s'expliquer la conservation de ce cercueil et la détérioration des deux autres. Contrairement à ce qui a été pratiqué pour Marguerite de Bourbon et Marguerite d'Autriche, le corps de Philibert-le-Beau a été placé dans un cercueil en chêne que l'on a recouvert ensuite d'une enveloppe ou si l'on veut d'un deuxième cercueil en plomb. Il est résulté de là que le bois a été protégé par le plomb, pendant que pour les deux princesses on a procédé en sens contraire, c'est-à-dire que leurs corps ont été placés dans un cercueil de plomb recouvert ensuite d'un second cercueil en bois. Le bois, promptement détérioré par l'humidité, est tombé en dissolution et les cercueils de plomb, mis à nu et en contact immédiat avec les barres de fer disposées en chevalet qui les supportent, se sont oxidés, ce qui a occasionné la rupture de la partie inférieure des cercueils et par suite la chute et l'éparpillement sur le sol des ossements des deux princesses.

Sur la partie supérieure du cercueil en plomb du duc Philibert est une inscription mortuaire dont toutes les lettres sont en relief. Elle est ainsi conçue :

✝, IHS MARIA S

CY GIST . TRES EXCELLENT

ET TRES PUISSANT PRINCE

PHILIBERT . DUC DE SAVOYE

IIe DE CE NOM . TRES VERTUEUX

LE QUEL TRESPASSA ET REDIST

LESPERIT ADIEU LA MIL V^c

ET QUATRE LE Xe IOUR DE

SEPTEMBRE AU CHASTEAU

DU PONT DEYNS ET FUST

ENTERRE CEANS LE XVIe

DU DIT MOIS . PRIES NTRE

SEIGN^r POUR LUY.

CERCUEIL DE MARGUERITE D'AUTRICHE.

Ce cercueil en plomb a dû être renfermé dans un cercueil en bois dont les débris étaient épars sur le sol. Sa forme est celle du corps, sur lequel il semble avoir été moulé, et simule une momie. La forme de ce cercueil ne se prêtait pas ou se prêtait mal à recevoir l'inscription funéraire d'un si grand personnage. Aussi cette inscription existe, isolément, au côté nord du cercueil et du caveau, gravée sur une plaque en cuivre, laquelle est encastrée dans une pierre ayant la forme d'un reliquaire supporté par un socle de forme cylindrique. Cette inscription latine et en lettres gothiques se lit comme il suit :

HIC JACET CORPUS DNE MARGARETE ARCHIDUCISSE
AUSTRIE COMITISSE BURGUDIE ET QDAM MAXIMILIAI
CESARIS FILIE CAROLI VERO QUINTI IMPERATORIS ET
FERDINADI ROMAORUM REGIS FRATRUM AMITE
PHILIBERTI DUCIS SABAUDIE VIDUE HUJUS MOSTERII
SANCTI NICOLAI DE TOLLETINO PATROE ET FUDATRICIS
QUE KALENDIS DECEMBRIS IN SUO MECHLINIENSI
OPIDO CAMERACENSIS DIOCESIS AN° DNI MILLESIMO
QUENGENTESIMO TRICESIMO DIEM SUAM CLAUSIT
EXTREMAM ANIMA EIUS IN PACE QUIESCAT.

La paroi supérieure du cercueil, assez bien conservée, était seulement dessoudée au niveau de la tête. Quant à la paroi inférieure, elle n'existait plus depuis la base du crâne jusqu'aux articulations des genoux. La partie qui soutenait la tête était formée d'une double feuille de plomb. La paroi supérieure ayant été dessoudée et enlevée, nous avons constaté l'existence des parties suivantes. La tête, bien conservée et garnie à sa partie supérieure d'une assez grande quantité de cheveux roux, présente les traces évidentes d'une autopsie. La voûte du crâne est séparée de la base par un trait de scie qui, partant du niveau des bosses frontales, se prolonge de chaque côté à travers les pariétaux jusques près de l'articulation de ces os avec l'occipital. Dans ce point, la scie a cessé d'agir, et les médecins chargés de cette opération ont fait lever à la partie antérieure et ont rompu l'articulation des pariétaux avec l'occipital pour pouvoir enlever la voûte du crâne, sur lequel on constate l'angle rentrant formé par les deux pariétaux, tandis que l'occipital reste tout entier à la base. L'intérieur du crâne ne contient rien. La partie antérieure ou frontale est largement développée, soit en largeur, soit en hauteur.

A la partie inférieure du cercueil, nous avons recueilli les deux jambes et les pieds, enveloppés isolément de débris de peau, et nous avons pu les transporter en bloc dans le cercueil provisoire. Nous avons alors recherché les parties qui pouvaient être sur le sol et nous avons retrouvé le maxillaire inférieur dégarni de deux incisives, dont l'une a dû être perdue du vivant de la princesse. Il manquait également deux petites et grosses molaires du côté droit, et deux molaires du côté gauche. Ces dents ont dû manquer pendant la vie, ce que prouve la conformation et l'obturation complète des alvéoles. Nous avons retrouvé deux côtes entières et trente-quatre fragments de côtes, et absence complète du sternum. Ce grand nombre de fragments de côtes tient vraisemblablement à l'ouverture de la poitrine qui a dû avoir lieu pour en extraire le cœur de la princesse, conformément à son testament. Nous n'avons pu recueillir que vingt-une vertèbres, plus ou moins altérées. Il manquait deux cervicales et une dorsale. Les os du bassin, sauf le coccix, sont dans un assez bon état de conservation, ainsi que les deux fémurs et les deux rotules.

Pour les membres supérieurs, nous avons recueilli les deux clavicules intactes; la partie scapulaire des deux omoplates n'existe pas et il ne reste de ces os que les apophyses coracoïdes et les parties articulaires. L'humérus droit est bien conservé, mais la tête de l'humérus gauche est détachée du corps de l'os. Les os des avant-bras, peu avariés, existent de chaque côté. Pour les mains, nous n'avons pas trouvé trace des os du carpe; mais nous avons pu recueillir huit os du métacarpe et dix phalanges. Ces os, ainsi que ceux de Marguerite de Bourbon, ont été mis chacun dans leur cercueil provisoire et dans l'ordre anatomique, autant qu'il a été possible de le faire.

Les corps des deux princesses paraissent avoir été placés dans leur cercueil respectif enveloppés d'un linceul en cuir de vache, coutume en usage au moyen-âge et dont les corps des ducs de Bourgogne, Philippe-le-Hardi et Jean-sans-Peur, exhumés en 1841, offrent un exemple digne de remarque. Nous avons retrouvé notamment, dans le cercueil de Marguerite de Bourbon, des fragments de cuir en plus grand nombre que dans celui de Marguerite d'Autriche. Les cuirs sont tannés, gaufrés, avec ornements découpés et tailladés.

Les deux squelettes, ainsi reconstitués, ont été recouverts d'une bande de mousseline, d'une couche de papier de soie, et rendus immobiles au moyen de hachures de papier, entassées et fortement comprimées. Ces opérations terminées, les cercueils en bois de chêne, avec garnitures en cuivre et munis de deux serrures de mécanisme

7

différent, ont été fermés. Des deux clés de chacun des cercueils, l'une a été remise à M. le préfet, l'autre à M. le comte de Somis, représentant de S. M. le roi de Sardaigne. C'est à M. le docteur Dupré, membre de la commission, qu'a été confié le soin d'analyser et de disposer dans l'ordre anatomique les ossements des deux princesses ; c'est également sur les indications qu'il a bien voulu fournir au secrétaire de la commission qu'ont été rédigées les descriptions anatomiques qui précèdent. Le nom et la réputation scientifique du docteur Dupré sont un garant assuré de leur parfaite exactitude.

Les inscriptions de Philibert-le-Beau et des deux princesses ne nous apprennent aucun fait nouveau, elles ne font que confirmer les dates déjà bien connues de leur décès. Indépendamment de ces inscriptions on en trouve trois autres tracées au charbon sur la paroi des murs du caveau correspondant à chaque cercueil. Ces dernières n'ont pour objet que la mention de l'année où tombe le décès de chacun des trois personnages. En voici la reproduction.

Sur le mur méridional :

OBIIT ILL. D. MARG. BOR[ca]
1483

Sur le mur à l'est :

OBIIT ILL. DUX PH[s]
1504

Au nord :

OBIIT ILL. D. MARG. AUSTR.
1530

Au-dessous de l'inscription du duc Philibert-le-Beau,

tracée au charbon et rapprochée du sol, se trouve également tracée au charbon la date de 1535. Cette date est-elle celle du placement des trois cercueils dans le caveau funèbre, nous ne le pensons pas. Elle se rapporte, suivant nous, à un fait que ce n'est point ici le lieu d'exposer, et qui sera un jour la matière d'une dissertation spéciale. On trouve encore tracées sur l'enduit de chaux qui recouvre les murs du caveau, des sentences dont le sujet est la puissance irrésistible de la mort et la rapidité avec laquelle le temps s'enfuit.

Sur l'observation de M. le comte de Somis, il a été décidé que les débris de nature inappréciable qui se trouvaient mélangés avec les corps des princesses, recueillis séparément dans deux caisses spéciales, seraient replacés dans les cercueils dont ils proviennent.

En terminant ce rapport écrit dans le caveau funèbre, sur un coin du cercueil de Philibert-le-Beau et pendant les opérations qu'il vient de décrire, le rapporteur sollicite l'indulgence de la commission pour le défaut d'ordre dans l'exposé des faits et les incorrections de style qui s'y trouveront nécessairement en grand nombre. La commission comprendra quelle foule d'impressions et d'émotions de toute nature ont dû assaillir son rapporteur en voyant et en touchant de ses mains les restes mortels des deux princesses, et principalement ceux de cette tante de Charles-Quint, plus grande par les dons du cœur, de l'intelligence et de l'imagination, que par ceux du rang et de la naissance, de cette femme incomparable qui réunit et concentra dans sa riche et étonnante organisation toutes les qualités et toutes les vertus dont une seule aurait pu suffire à l'illustration d'une grande princesse. Mais parmi toutes les émotions que le rapporteur a éprouvées pendant la longue et lugubre scène qu'il avait à décrire, il en est une qui a ramené la sérénité dans son esprit, c'est la découverte de la robe des religieuses de l'Annonciade, avec laquelle Marguerite d'Autriche voulut être ensevelie. Cette robe est le trait d'union qui marque le passage d'une vie tourmentée à un monde de paix et de lumière où *sœur Ancille* sera pour jamais à l'abri des aiguillons de *l'infortune*.

Le présent procès-verbal, lu en présence de la commission réunie à l'hôtel de la Préfecture dans la séance du 2 décembre 1856, a été approuvé et signé par chacun des membres qui la composent.

Le commandeur Comte SOMIS DE CHIAVRIE.
Le comte E. DE COETLOGON, préfet de l'Ain.
† GEORGE, évêque de Belley.
FAVRE-GILLY, président du tribunal.
CH. BERNARD, maire de Bourg.
JEANDET, procureur impérial.
VILLE SUZANNE, secrétaire-général de l'Ain.
DUPRÉ, docteur-médecin.
LOUIS DUPASQUIER, architecte du gouvernement.
Comte POURROY LAUBERIVIERE DE QUINSONAS.
JULES BAUX, archiviste, secrétaire-rapporteur de la commission.

CHPITRE XV.

Légende de Colomban.

———

Voici ce que les Augustins racontent de Colomban. On a fait souvent le même récit; mais on n'a pas encore imprimé le texte même de leurs manuscrits. C'est le manuscrit n° 6 que l'on va transcrire ici :

LÉGENDE DE COLOMBAN.

« Marguerite d'Autriche fit venir de France cent ouvriers, autant d'Allemagne, de Flandre et d'Italie, afin de rendre l'église de Brou la plus superbe du monde; le prix-fait en fut donné à André Colomban, natif de Dijon, et il était le maître architecte; ce prix-fait fut de deux cent mille écus d'or, marqués au coin de France; il était alors âgé de trente-deux ans, homme en fait de bâtiments expérimenté et habile, comme on peut facilement juger par l'ouvrage de l'église de Brou.... André Colomban faisait travailler avec assiduité au superbe bâtiment.... Cependant, prévoyant, par la dépense qu'il avait déjà faite et qu'il fallait encore faire, qu'il dépenserait plus qu'il n'avait demandé, voyant que les voitures des principales pierres, qu'il faisait venir de Pise, coûtaient beaucoup, craignant de ne pas finir avec honneur son entreprise, résolut de se retirer et d'abandonner son ouvrage, ce qu'il fit le 28 septembre 1518. Le lendemain, 29 du même mois, ceux qui logeaient autour de Brou dans des loges de bois que André Colomban avait fait faire, ne voyant point leur maître, furent fort surpris; ils attendirent jusqu'au soir; et, André Colomban n'ayant point paru, ils le cherchèrent par toute la ville de Bourg, sans apprendre aucune de ses nouvelles. Les ouvriers portèrent cette fâcheuse nouvelle à Laurent de Gorrevod, qui donna ordre de le chercher par tout le pays. Quelque perquisition qu'il pût faire faire, on ne lui put jamais dire de ses nouvelles. Laurent de Gorrevod écrivit en Flandre à la princesse la fuite d'André Colomban. La princesse fut surprise de cet accident et lui écrivit de chercher quelque habile architecte. Ils en trouvèrent un; mais il s'en fallut de beaucoup qu'il fût aussi expérimenté que l'autre : on le nommait Philippe Chartres; il était natif de Chartres; il prit le prix-fait de Brou aux mêmes conditions qu'André Colomban, le 1er novembre 1518.

« Cependant André Colomban, qui s'était retiré à Salins et qui avait pris l'habit d'ermite, de peur d'être découvert, se repentant d'avoir pris la fuite, comme il l'avait fait, considérant que personne au monde que lui ne pourrait achever son dessin; dans cette perplexité, il se résolut de s'en retourner à Brou pour voir si l'on suivait son dessin. Il y arriva avec son habit d'ermite, le 1er mars 1519. Il était inconnu sous cet habit à tous ses ouvriers; il regarda attentivement l'ouvrage que l'on avait fait depuis son absence; il visita toutes les loges où l'on travaillait les pierres Il fut chagrin à l'instant de voir que tout ce que l'on faisait n'était ni de son goût ni de son dessin. Il ne savait pourtant quel parti prendre : il craignait que, si on le découvrait, on ne le punît de sa faute. Indéterminé qu'il était, il se résolut à la fin (Dieu le permettant ainsi, pour ne pas laisser un ouvrage aussi beau que celui-là devait être, imparfait, parce qu'il devait être éternellement honoré dans ce lieu).

« Il prit donc la résolution que, pendant le dîner de Philippe Chartres et de ses ouvriers, il détracerait les pierres et les retracerait selon son dessin. Le premier jour qu'il le fit, les ouvriers furent surpris de ce changement dans leur ouvrage, et Philippe Chartres plus qu'eux. L'ermite Colomban continua son jeu pendant huit jours. Philippe Chartres, étonné et ennuyé en même temps de ce travers, porta ses plaintes à Laurent de Gorrevod, lui disant que, quelques mesures qu'il pût prendre, il ne pouvait achever son bâtiment, attendu qu'il ne savait point qui c'était, mais que depuis huit jours l'on changeait ses crayons, pendant qu'ils allaient prendre leur repas, et que par conséquent c'était toujours à recommencer, qu'il le priait d'y mettre ordre, car autrement il serait contraint de tout quitter. Laurent de Gorrevod, surpris de cela, dit à Philippe qu'il fallait mettre des ouvriers en sentinelle pendant qu'il irait dîner, afin de découvrir ceux qui faisaient ce manège ; et, quand on les aurait découverts, on se saisirait de leurs personnes, et qu'on les lui amenât, sans leur faire aucun tort ni mal, parce que c'était à lui-même à en faire justice, non pas à eux.

« L'ermite Colomban ne manqua pas, selon sa coutume, d'aller le lendemain aux loges, ignorant les ordres qui avaient été donnés de l'arrêter. Ceux qui étaient en sentinelle l'aperçurent et virent qu'il effaçait les traits que l'on avait faits et qu'il en faisait d'autres. Dans le même moment qu'il travaillait ainsi, les ouvriers paru-

rent et saisirent le pauvre ermite au collet; ils le maltrai-
tèrent en paroles seulement, excepté un qui lui donna
un soufflet de maçon. Ils le conduisirent à Philippe
Chartres, lequel en même temps le fit mener à Laurent
de Gorrevod. Quand ce généreux gouverneur eût vu ce
pauvre ermite entre les mains de ces satellites et qu'il
l'eût considéré attentivement, il lui demanda pourquoi
il détruisait les traits des ouvrages de Brou, et ce qu'il
était pour s'ingérer de semblable chose; Colomban, qui
crut que Laurent de Gorrevod l'avait reconnu, se jeta à
ses pieds, lui demanda pardon et lui dit qu'il était
l'architecte Colomban, et que, voyant qu'il n'aurait pas
assez d'argent pour exécuter le dessin qu'il avait formé
touchant la bâtisse de Brou, il avait résolu de se sauver;
que pourtant, chagrin de sa faute, il était revenu de
Salins à Brou pour voir si l'on exécutait le dessin qu'il
avait pour l'église, et que, voyant que l'on ne l'exécutait
pas, il s'était avisé de retracer les pierres, comme elles
devaient être; mais que, si on voulait lui augmenter le
prix-fait de cent mille écus d'or marqués au coin de
France, il reprendrait l'ouvrage et qu'il le parachèverait.
Laurent de Gorrevod, très-aise d'avoir recouvert son
architecte, lui promit les cent mille écus d'or qu'il
demandait d'augmentation, et davantage s'il en fallait,
lui disant qu'il avait eu tort de se sauver comme il avait
fait; que, s'il les avait demandés, on les lui aurait
donnés. L'acte en fut passé le 12e mars 1519. Quant à
l'ouvrier qui lui avait donné le soufflet, Laurent de Gorrevod lui ordonna de demander pardon à Colomban et,
après cela, l'envoya en prison. Il en fut tiré quelque
temps après, à la sollicitation de son maître.

« Colomban garda avec lui Philippe Chartres, pour

lui aider et le soulager dans son entreprise. Dès le lendemain, après avoir quitté son habit d'ermite, il commença à faire démolir tout ce que l'on avait fait pendant son absence, et le fit rebâtir ensuite selon son dessin.... »

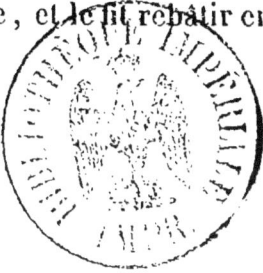

TABLE ANALYTIQUE

DANS LAQUELLE ON A INDIQUÉ SOMMAIREMENT LES OBJETS
LES PLUS PROPRES A FIXER L'ATTENTION.

CHAPITRE PREMIER.

Des fondateurs de l'église de Brou.

CHAPITRE II.

Du prieuré de Brou avant la fondation de Marguerite.

CHAPITRE III.
Description de l'église de Brou.

CHAPITRE IV.
Des trois mausolées du chœur.

Ce sont les plus beaux morceaux de l'église. Ils sont ornés de
plusieurs petites statues et d'une quantité prodigieuse de

CHAPITRE V.

Des chapelles de la princesse et de la maison de Gorrevod,

Magnifique chapelle de la princesse, sous le vocable de l'Assomption. On y voit les mystères de la Sainte Vierge : 1° l'Annonciation; 2° la Visitation; 3° la Naissance du Sauveur adoré par les bergers; 4° l'Adoration des Rois; 5° l'Apparition

CHAPITRE VI.
Des vitraux de l'église.

CHAPITRE VII.
Du clocher et de la sacristie.

Le clocher avait deux cent cinquante pieds d'élévation. Son

CHAPITRE VIII.

Des artistes qui ont travaillé à l'église, et des lieux d'où l'on a tiré les matériaux.

CHAPITRE IX.

Des Augustins à qui cette église fut confiée.

CHAPITRE X.

Des premières réparations faites à l'église.

CHAPITRE XI.

Supplément à l'Histoire de Brou.

CHAPITRE XII.

Du cadran elliptique.

CHAPITRE XIII.

CHAPITRE XIV.

CHAPITRE XV.

FIN DE LA TABLE.

www.ingramcontent.com/pod-product-compliance
Lightning Source LLC
Chambersburg PA
CBHW072052080426
42733CB00010B/2096